R A CHEVAL
CAFE
LAIT
LAIT CHAUD
CHOCOLAT
THE
CONSOMMATIONS
DE CHOIX
BIERE
BRUNE & BLONDE
TELEPHONE

EX LIBRIS

Süßes Paris

Verliebt in französische Patisserie und Desserts

TEXT & FOTOGRAFIEN VON

MICHAEL PAUL

AUS DEM ENGLISCHEN VON SUSANNE SCHMIDT-WUSSOW

GERSTENBERG

ROLLET PRADIER

278
BOULANGERIE
PATISSERIE

Inhalt

I love Paris 7

1

Die Welthauptstadt der Schokolade 11

2

Geschmack kommt nie aus der Mode 21

3

Aus Patisserie und Salon de thé 49

4

Traditionelle Viennoiserie 81

5

Verführerische Desserts 109

6

Eiscreme, Gelato und Sorbet 125

7

Confiserie – das beliebte Pariser Konfekt 135

Der perfekte französische Mürbeteig 149

Die besten Adressen in Paris 151

Register 158

Danksagung 160

ARROUSEL
DE PARIS

I love Paris

Schon lange bevor ich jemals dort war, habe ich mich in Paris verliebt. Ich war erst 14 Jahre alt und lebte am anderen Ende der Welt in einer kleinen Stadt auf der Südhalbkugel. Dort wurde ich zu Miss Nichols in die Tanzstunde geschickt, wo ich mir auch gute Umgangsformen und Etikette aneignen sollte. Da ich den größten Teil meiner Jugend in Jungeninternaten verbracht hatte, kam ich hier zum ersten Mal näher mit dem anderen Geschlecht in Berührung. Die Haare mit Pomade frisiert, umklammerte ich nervös die Hände der Mädchen und versuchte, das Tanzbein zu schwingen. Gleich in der ersten Stunde stellte sich heraus, dass Miss Nichols nur eine Platte hatte: den Cole-Porter-Klassiker »I love Paris«. Wir lernten Walzer, Foxtrott, Squaredance und sogar einen schottischen Volkstanz nach Ella Fitzgeralds Interpretation dieses zeitlosen Lieds mit der nostalgischen Orchesterbegleitung. Ich schwebte im siebten Himmel. Etwas Magisches war geschehen – ich hatte die Mädchen entdeckt. Und »I love Paris« wurde zum Soundtrack meines jugendlichen Hormonrausches. Von da an liebte auch ich Paris. In meiner Vorstellung war es eine Stadt voller Romantik, glamouröser Models und Liebesabenteuer …

Viele Jahre später, ich lebte inzwischen in London, fuhr ich zum ersten Mal nach Paris. Mit großer Neugier konsumierte ich eifrig, was die Stadt an Vergnügungen zu bieten hatte. Ich kam immer wieder zurück, aber bald wurde mir klar: Wenn ich Paris wirklich kennenlernen wollte, durfte ich kein auffälliger Tourist mit Reiseführer sein, der eine Sehenswürdigkeit nach der anderen abhakt. Um eine intime Verbindung mit dieser Stadt einzugehen, musste ich ein Teil von ihr werden, mit ihrem Gefüge verschmelzen, vergessene Orte finden, die verborgenen Risse, die Touristen selten sehen und die Einwohner häufig genug auch nicht. Durch dieses Bedürfnis nach Anonymität und meine Leidenschaft für das Schlendern wurde ich zu einem Flaneur – zu einem müßigen Spaziergänger. Der Pariser Dandy und Dichter Charles Baudelaire beschrieb einen Flaneur einmal als jemanden, der »durch die Stadt geht, um sie zu erleben«. Ich folgte dem Lockruf der Seitenstraßen und geheimnisvollen Gassen und wanderte ziellos umher, immer auf der Suche nach Abenteuern und kreativer Stimulation.

Wer in Paris wohnt, weiß, dass man diese Stadt zu Fuß erkunden muss. Nur dann erschließt sich ihre Fülle an charmanten Details und vergnüglichen Zerstreuungen. Es heißt, Paris werde von seinen triumphalen Wahrzeichen und klassischen Monumenten beherrscht, aber als Fotograf interessieren mich viel mehr die Details. Das wahre Wesen der Stadt steckt eher in den kleinen Dingen als in pompösen Auffälligkeiten. Verstehen Sie mich nicht falsch – auch ich bin hingerissen von den Panoramaansichten der Stadt, ihrer prachtvollen Architektur und der wunderbaren Inszenierung von Geometrie. Zudem fasziniert mich der französische Ordnungssinn: die makellose Symmetrie, die streng aufgereihten Formschnittbäume, die beeindruckende Linienführung der Prachtstraßen mit ihren zahllosen Reihen von Laternenmasten, die langen Kreuzgänge mit den identischen Bögen, die Vielzahl gleichartiger Parkbänke. All dies fügt sich zu einem perfekt komponierten Erscheinungsbild, das von Visionären wie Napoleon III. und seinem Adjutanten Baron Haussmann entworfen wurde.

Aber ich richte meine Kamera lieber auf die unzähligen faszinierenden Details. Goldene Geländer, elegante Schriftzüge, dekorative Elemente aus der Belle Époque, aufwendig gestaltete Hauseingänge, in Stein gemeißelte Gesichter, kunstvolle Schmiedearbeiten, Straßenschilder, Treppen, Spitzengardinen, Caféstühle – für jeden Geschmack ist etwas dabei. Apropos Geschmack, als umherstreifender Flaneur wird man schnell hungrig. Sehr hungrig! Ein unbezähmbarer Heißhunger auf Süßes trieb mich in die Cafés, Teesalons, Schokoladengeschäfte und Patisserien, von denen es in Paris so viele gibt wie in keiner anderen Stadt. Je öfter ich durch die Straßen zog, desto größer wurde meine Leidenschaft für das Gebäck, die Schoko-Delikatessen und die Desserts. Eine neue Liebesgeschichte hatte ihren Anfang genommen – die Liebe zum süßen Paris.

Die Törtchen, Kuchen und Schokoladenspezialitäten dieser Stadt sind nicht nur köstlich, sondern sehen auch fantastisch aus. Als Food-Fotograf bin ich immer wieder aufs Neue davon fasziniert. Paris ist nicht nur ein internationales Mode- und Kulturzentrum, sondern auch die Welthauptstadt der Leckermäuler, vor allem wegen der köstlichen Schokoladenträume. Die Schokoladenmesse Salon du Chocolat, die Paris alljährlich als Stadt des Kakaos feiert, festigt diesen Status. Doch die französische Schokoladenrevolution profitiert auch von einem Gesinnungswandel: Schokolade gilt inzwischen als das angesagte Genussmittel der *haut monde*. Doch vor allem ist Schokolade durch die Maîtres chocolatiers zu etwas Besonderem und in ihren extravaganten Erscheinungen zu etwas köstlich Verwegenem geworden. Ähnlich exquisit sind auch die Pariser Backkunstwerke. Gastronomiegötter wie Pierre Hermé haben Gebäck und Desserts auf ein exklusives Niveau gehoben und die berühmten altehrwürdigen Teesalons beglücken noch immer Schleckermäuler aus der ganzen Welt.

Die zahllosen Lieferanten der Backwaren beweisen ein hohes Maß an Kunstfertigkeit. Und dennoch kann sich diesen Luxus fast jeder leisten. Während für viele ein Essen in einem Restaurant der Haute Cuisine unerschwinglich bleibt, können die meisten von uns glücklicherweise ein paar Euro für ein köstliches Macaron, ein üppiges Schokoladen-Eclair, ein Millefeuille oder einen Mont Blanc aus der besten Patisserie erübrigen. Wie funkelnde Juwelen werden diese essbaren Kunstwerke in den Schaufenstern ausgestellt. Doch woraus bestehen all die gehaltvollen Süßigkeiten und schwindelerregenden Schokoladenkreationen eigentlich? Wahrscheinlich haben Sie sich auch schon einmal die Nase an dem Schaufenster einer Patisserie oder eines Schokoladengeschäfts plattgedrückt und sich für keines der Teilchen entscheiden können. In *Süßes Paris* stelle ich einige Köstlichkeiten vor und erzähle etwas über ihren Ursprung, die Zutaten und ihre Zubereitung. Außerdem wage ich mich mit einer gewissen Nervosität an eine Liste von Adressen, die verrät, wo man die besten Leckereien findet. Abgerundet wird das Buch durch traditionelle Rezepte, nach denen man die Köstlichkeiten selbst herstellen kann. Dennoch ist dieses Buch nicht als Führer oder Verzeichnis gedacht, sondern vielmehr als ein heiterer Blick auf die süßen Gaumenfreuden von Paris. Es ist eine Hymne an die Schokolade, die Kuchen, Törtchen und Desserts, die zu einem Teil des Alltags in der französischen Hauptstadt geworden sind. Auch wenn ich einige meiner Lieblingsadressen anführe, so ist die Liste natürlich nicht vollständig – betrachten Sie sie als verlockende *flânerie* durch die Straßen der Versuchung – das süße Paris.

Récréation
Dégustation
Chocolat au lait

PIERRE

Le Bonheur
des Dames

1

Die Welthauptstadt der Schokolade

Der Trend zu exklusiven Schokoladenkreationen in neuem Stil, der von der Avantgarde unter den Chocolatiers geschaffen wurde, hat dazu beigetragen, dass Paris zur Welthauptstadt des Kakaos avancierte. Französische Schokolade steht nicht länger im Schatten der belgischen und schweizerischen, sondern wird inzwischen als aufregend, dunkel, intensiv und äußerst modern beschrieben und gilt zudem als gesund. Vielleicht ist das nur Wunschdenken, aber es hat möglicherweise damit zu tun, dass sie weniger Sahne und Zucker enthalten soll. Ob diese Behauptung wahr ist, sei dahingestellt.

Die modernen Idole haben einen Kultstatus als Künstler erlangt. Neben der Brigade von Sterneköchen und Top-Patissiers sind die Maîtres chocolatiers zu Lieblingen der Presse geworden – die Pariser Rockstars von heute, die Schwung in eine Disziplin gebracht haben, die früher als eher einseitig galt. Ihre Beliebtheit hat dazu beigetragen, dass Paris auf der Weltkarte der Gourmets wieder das ultimative Ziel für alle Schleckermäuler mit einem Hang zum Lebensgenuss *(joie de vivre)* ist.

Die modernen Maîtres chocolatiers, wie Patrick Rogers, Pierre Hermé, Franck Kestener und Jacques Genin, kümmern sich wenig um den klassischen Ansatz und haben inzwischen die konservativeren, jedoch ebenso hervorragenden Experten, wie Jean-Paul Hévin, Michel Cluizel, Christian Constant und Michel Chaudun, überholt.

Patrick Rogers' witzige und oft gewagte Schokoladenskulpturen – von Gorillas und Pinguinen bis zu nackten Rugbyspielern – sorgen in Paris für Gesprächsstoff und scheinen von einer Schokoladensaison zur nächsten immer bizarrer zu werden. All dies dürfte wohl auf seinen Ehrgeiz zurückgehen, die beste Schokolade in ganz Frankreich herzustellen. Die Traditionalisten wiederum schaffen Skulpturen aus gängigeren Themenwelten, etwa den Eiffelturm. Die Ästhetik spielt also bei allen Kreationen eine große Rolle. Die schmuckähnliche Präsentation von Pralinen und anderen essbaren Kunstwerken in den Schaufenstern dieser erfinderischen Chocolatiers führt selbst die Willensstärksten in Versuchung, und das trotz der hohen Preise.

Der Wirbel um das Objekt der Begierde scheint anzuhalten. Jede Woche eröffnen in den schicken Pariser Arrondissements neue Schokoladengeschäfte – über dreihundert stehen im Telefonbuch. Dazu gehören die hochpreisigen Läden der Maîtres chocolatiers und Patissiers ebenso wie exklusive Feinkostgeschäfte und beliebte Ketten wie La Maison du Chocolat, L'Atelier du Chocolat sowie unzählige selbstständige Chocolatiers und Confiseurs. All dies bezeugt, dass Paris sich in unserer süßigkeitshungrigen Kultur den Titel »Welthauptstadt der Schokolade« redlich verdient hat.

Tafelschokolade

Echte Kenner konzentrieren sich auf die pure Schokolade und nicht auf Spezialitäten – mit anderen Worten, auf Tafeln und nicht auf Pralinen. Sie glauben, dass die Tafel die reinste, konzentrierteste Form echter Schokolade darstellt, während Konfekt eher unter die Kategorie »Süßigkeiten« fällt. Puristen sprechen über Schokolade wie über Wein und benutzen auch ähnlich blumige Vokabeln wie »nussig«, »würzig« oder »fruchtig«, um sie zu beschreiben.

Eine hochwertige Tafel Schokolade besteht in der Regel aus Kakao, Zucker, Kakaobutter, Vanille und Lecithin als Emulgator. Tafeln lassen sich auf zwei Arten herstellen: direkt aus der Kakaobohne oder aus Schokoladenkuvertüre, für die manchmal auch verschiedene Sorten gemischt werden.

Für wahre Schokoladenfans kommt es zum einen auf die Qualität der verwendeten Kakaobohnen, ihre Herkunft und den Jahrgang an und zum anderen auf den Anteil der Kakaomasse – 65 Prozent scheint die magische Grenze zu sein, alles darüber gilt als hochwertig. Die Herkunft der Kakaobohnen soll einen deutlichen Einfluss auf die Qualität der daraus hergestellten Schokolade haben. Die besten Bohnen sollen aus Venezuela, Peru, Costa Rica, Madagaskar und Bolivien kommen.

Wenn Sie jetzt befürchten, den Überblick zu verlieren, keine Panik! Hier ein paar Tipps für alle, die die beste Schokolade in Paris suchen. Zunächst einmal können Sie mit einem Experten wie dem höchst kenntnisreichen Blogger, Autor und leidenschaftlichen Gourmet David Lebovitz eine Verkostungstour unternehmen. Für wahre Liebhaber besteht auch die Möglichkeit, an einem Kurs oder einer Tour einer absoluten Expertin zu den allerbesten Schokoladensorten teilzunehmen: Chloé Doutre-Roussel, eine der leidenschaftlichsten Repräsentantinnen von Schokolade. Choco-Chloé, wie ihre Freunde sie nennen, wird Sie mit ihrer Begeisterung in ihren Bann ziehen und großzügig ihr umfangreiches Wissen über ihr Lieblingsthema mit Ihnen teilen. Sie verkauft im Internet die exklusive Schokoladenmarke El Ceibo aus Bolivien und offeriert den Fans ihre köstlichen Chloé-Riegel aus kräftiger Schokolade mit ihren eigenen Teemischungen.

Wenn die Zeit für derart sinnesfreudige Exkursionen nicht reicht, sollten Sie direkt Kurs auf die herausragenden Chocolatiers von Paris nehmen. Beachten Sie dabei aber, dass viele von ihnen nur Tafeln einer einzigen Herkunft verkaufen – geschmolzene, temperierte, in Formen gegossene Schokolade von Zulieferern ohne jede Kreativität. Um dies zu umgehen, empfehle ich zuerst einen Besuch beim »Enfant terrible« der Schokoladenwelt, bei Patrick Roger in Saint-Germain. Seine Tafeln werden aus den besten Kakaosorten der Welt hergestellt. Plantagentafeln (aus Bohnen eines bestimmten Anbaugebiets, analog zu den *terroirs* von Wein) stellen auch Jacques Genin, François Pralus, Michel Cluizel und Jean-Paul Hévin her. Sollten Sie neugierig auf etwas Außergewöhnliches sein, so empfehle ich, einmal eine Tafel Bernachon aus Lyon zu probieren, die es in der bezaubernden Confiserie L'Étoile d'Or in Montmartre zu kaufen gibt.

BERNACHON
Jour et nuit

Patrick Roger

NOIR • MADAGASCAR
MICHEL CLUIZEL
1er CRU DE PLANTATION
Mangaro
Chocolat noir 65% • Dark chocolate
Edelbitterschokolade • Chocolate negro

JEAN-CHARLES ROCHOUX
Chocolatier
Paris

MICHEL CLUIZEL
PARIS

PIERRE HERMÉ
PARIS

Pralinen

Als Pralinen bezeichnet man eine Vielzahl sündhafter Verlockungen. Auch wenn Puristen sie als niedere Form von Schokolade betrachten, ahnen wir doch alle, dass sie sich heimlich ebenso danach verzehren wie wir. Natürlich müssen wir erst einmal genau definieren, was wir unter »Pralinen« verstehen, da heute nahezu alles Süße oder Herzhafte mit Schokoladenüberzug so bezeichnet wird. In der Hauptsache reden wir hier von den Grundformen der Pralinenherstellung. Dazu gehören *pralinés* (ein *praliné* enthält immer Mandeln und / oder Haselnüsse; eine *praline* ohne Akzent dagegen ist eine Art gebrannte Mandel oder Nuss) und Konfekt mit Marzipan- und Ganachefüllung. Doch ich fürchte, zum Kummer der Puristen müssen wir auch in das Reich des Konfekts mit Füllungen aus Karamell und Sahne hinabtauchen. Und natürlich sollte man auch die Mendiants erwähnen – kleine Schokoladenmedaillons, die mit Trockenfrüchten und Nüssen verziert werden. Zur Kategorie der Pralinen gehören auch Trüffeln – Kugeln aus cremiger Ganache, manchmal mit Schokolade überzogen in Kakaopulver gewälzt. Das sind die wichtigsten Pralinenarten, die man bei den Pariser Chocolatiers findet, in deren übervollen Auslagen sich eine reiche Auswahl von Köstlichkeiten entdecken lässt, verfeinert mit diversen Aromen, von Lakritze und Kaffee bis zu Kräutern und Likören.

Als Laie verneige ich mich immer wieder ehrfürchtig vor den Fertigkeiten, der Fantasie und der Kreativität der besten Pariser Chocolatiers, die diese anspruchsvollen Kreationen erschaffen, in denen sich verblüffende Geschmacksrichtungen mit der Komplexität und Sinnlichkeit von Schokolade mischen. Man muss schon ein erfahrener Alchemist und gleichermaßen ein Künstler sein, um vorher zu wissen, wie die Kuvertüre mit der Füllung zusammen schmecken wird. Man braucht die Nase eines Parfümherstellers und den Gaumen eines Sommeliers, um bewerten zu können, ob die harmonischen Mischungen von Aromen und Zutaten die Sinne direkt in den siebten Himmel katapultieren werden.

Wo also gibt es das beste Konfekt in Paris? Der klare Sieger ist auch hier Patrick Roger, dessen sinnliche Sensationen immer wieder zum Stadtgespräch avancieren. Wenn er nicht gerade auf seinem PS-starken italienischen Motorrad über die Pariser Boulevards braust oder sich auf die Suche nach exotischen Zutaten begibt, findet man ihn in seiner Küche, wo er an seinen innovativen Pralinen mit den unkonventionellen Aromen arbeitet: In jeder von ihnen stecken ein Geschmack und eine Textur von einzigartiger Komplexität, die seine Leidenschaft und seine Kompetenz als einer der Besten von ganz Frankreich vermittelt. Er ist besessen von der Qualität der verwendeten Zutaten, die er oftmals selbst herstellt oder anbaut. Dennoch haftet seiner Arbeit nichts Überhebliches an. Im Gegensatz zu anderen bleiben er und sein höchst zeitgenössisches Verständnis von Schokolade für jeden zugänglich. Ich bin ein großer Fan seiner Fantasy-Schokolade mit ihrer Füllung aus Orinoco-Tonkabohnen in einem vanillebetonten Karamell; ebenso gern mag ich seine Kreation Savage – glatter, weicher Karamell, aromatisiert mit Eisenkraut und Yuzu, einer japanischen Zitrusfrucht. Wer sonst noch an ihn herankommt? Zum einen der vielseitig begabte, brillante Pierre Hermé. Seine Geschmackskombinationen und die kontrastierenden Texturen sind eine Klasse für sich. Auch der höchst versierte Chocolatier Jacques Genin gehört auf diese Liste: In seiner Hochburg des Geschmacks im Marais finden sich einige der besten Pralinen überhaupt.

PARISER SCHOKOLADENTRÜFFELN

Pralinen selbst herzustellen ist mühsam und diffizil, und das Ergebnis kann nie mit den perfekten Schöpfungen eines guten Pariser Chocolatiers mithalten. Schokoladentrüffeln dagegen kann man leicht selbst machen. Ihre Zubereitung macht Spaß und ist nicht allzu schwierig. Sie sind ideal geeignet als Mitbringsel oder als kleine Köstlichkeit nach dem Essen. Man kann Rum, Ingwer oder beliebige andere Aromen hinzufügen, ich persönlich mag sie lieber ohne Alkohol.

FÜR 25–30 STÜCK

250 g Bitterschokolade
125 g Sahne
1 Vanilleschote

FÜR DEN ÜBERZUG
200 g Milchschokolade
2 EL Kakaopulver

Holzspießchen oder Pralinengabel

Die Schokolade mit einem Messer fein hacken und in eine hitzebeständige Rührschüssel geben.

Sahne in einen kleinen Topf geben. Die Vanilleschote mit einem kleinen Messer längs einritzen, das Mark herausschaben, mit der Schote zur Sahne geben und alles zum Kochen bringen.

Sobald die Sahne kocht, den Topf vom Feuer nehmen und die Vanilleschote herausnehmen. Sahne durch ein Sieb über die gehackte Schokolade gießen. Alles mit einem Schneebesen verrühren, bis sich die Schokolade aufgelöst hat.

Masse in der Schüssel abkühlen lassen, aber nicht in den Kühlschrank stellen. Wenn die Ganachemasse fest ist, die Schüssel auf ein heißes Wasserbad setzen und die Masse erwärmen, dann mit dem Schneebesen cremig schlagen.

Ein großes Backblech mit Backpapier auslegen. Jeweils etwas Ganache mit einem Löffel abstechen und zu walnussgroßen Kugeln rollen. Trüffeln auf das Blech legen und im Kühlschrank fest werden lassen. Inzwischen den Überzug vorbereiten: Die Schokolade in eine hitzebeständige Schüssel geben und diese auf ein heißes Wasserbad setzen. Die Schokolade langsam schmelzen lassen.

Sobald die Schokolade flüssig ist, den Herd ausschalten, die Schüssel vom Wasserbad nehmen und Schüsselboden zum Warmhalten in ein Küchentuch einschlagen. Masse umrühren, bis sie leicht abgekühlt ist. Die Temperatur mit einem Schokoladenthermometer prüfen; bei 30–31 °C ist die Kuvertüre gebrauchsfertig.

Das Kakaopulver in eine flache Schale geben. Die Trüffeln aus dem Kühlschrank nehmen und mit Hilfe von Holzspießchen oder einer Pralinengabel zuerst in die geschmolzene Schokolade tauchen, dann sofort in Kakaopulver wälzen. Trüffeln gut abkühlen lassen.

2

Geschmack kommt nie aus der Mode

Paris ist so modeverrückt wie keine andere Stadt auf der Welt. Bereits im Mittelalter galt sie als ein Brennpunkt der Ideen und Inspirationen. Noch heute sind Pariser Modedesigner führend in der Haute Couture, und auch die Architekten, Produkt- und Industriedesigner finden international Anerkennung. Die Gier nach Neuem führt dazu, dass Modeströmungen in Paris schneller kommen und gehen als der TGV. Wie der Schriftsteller Honoré de Balzac bemerkte: »Der Pariser interessiert sich für alles und hat schließlich an nichts Interesse.« So flatterhaft sie dadurch auch erscheinen, das Verlangen der Einwohner nach Neuheiten und Vergnügen scheint unstillbar zu sein. Täglich eröffnen neue Restaurants, ebenso schnell schließen viele wieder. Boutiquen, Bars, Teestuben und Cafés schießen in den schicken Arrondissements wie Pilze aus dem Boden, und die einst verpönten *quartiers* werden plötzlich zu angesagten Orten zum Wohnen oder Ausgehen.

Die Begeisterung für Schokolade und die Macarons-Manie haben riesige Ausmaße erreicht, und dieser Trend wird von den über dreißig Millionen Touristen im Jahr, die Paris zur meistbesuchten Stadt der Welt machen, noch verstärkt. Die legendären Salons de thé, wie Ladurée und Angelina, gehören nach wie vor zu den Hauptattraktionen, genau wie die Schokoladengeschäfte, Patisserien und Delikatessenläden. Die Leidenschaft für die trendigen Köstlichkeiten mag von der engen Beziehung zur Haute Couture noch befeuert werden: Süßigkeiten tauchen auch auf dem Laufsteg auf, wenn die Models beispielsweise mit Schokolade bestrichen auftreten oder strategisch verteilte Macarons am Körper tragen. Die Experten wissen, dass während der Pariser Modewoche mehr Macarons verzehrt werden als das restliche Jahr über. Pierre Hermé verkauft sogar eine Box mit dem Namen Make-up-Artist, und Kuriere pendeln zwischen Laufsteg und den besten Patisserien hin und her und liefern das farbige Gebäck schachtelweise für den Backstagebereich der Modenschauen.

Die erfinderischen Händler präsentieren regelmäßig die neuesten Gebäck- oder Desserttrends in ihren Schaufenstern. Neben den Macarons feiern altmodische Meringues ihr Comeback, und sogar der schwere amerikanische Brownie hat sich inzwischen durchgesetzt. Aber der überraschendste Erfolg war vielleicht der Siegeszug des Cupcake. In einer Stadt, die sich vehement gegen alles Nichtfranzösische wehrt, wirkt der Anblick der grell dekorierten Cupcakes fast provozierend. Und wenn wir schon beim Thema Einfluss von jenseits des Teiches sind: Eine weitere Offenbarung der letzten Jahre war die wachsende Beliebtheit eines neuen Typs von Marshmallow, des Guimauve, der glücklicherweise kaum Ähnlichkeit mit seinem zuckrigen, langweiligen amerikanischen Verwandten hat.

Macarons

Das Macaron ist zum Symbol für ungezwungene, verspielte französische Süßwaren geworden. Schick, feminin und unwiderstehlich, das ultimative *amuse-bouche* – ein gleichzeitig cremiger und krümeliger Bissen purer Dekadenz.

Der Name »Makrone« oder richtiger »Macaron«, um jede Verwechslung mit den übersüßten Kokosmakronen zu vermeiden, die meine Mutter immer backte, leitet sich vom italienischen Wort *maccarone* her, das seinerseits wahrscheinlich von dem Verb *ammaccare* abstammt, was so viel heißt wie »quetschen« (das bezieht sich auf die Hauptzutat Mandelmehl). Ähnlich wie Meringues werden Macarons aus Eischnee, gemahlenen Mandeln sowie Kristall- und Puderzucker hergestellt. Von Meringues unterscheiden sie sich durch ihre glatte, flache Kuppel, einen unregelmäßigen Rand, den sogenannten Fuß, und die eher flache Grundform.

Über ihren Ursprung ist viel spekuliert worden. Obwohl die Bezeichnung aus dem Italienischen kommt, handelt es sich bei den Macarons wahrscheinlich um eine französische Erfindung. Der *Larousse gastronomique* führt an, dass *le macaron* 1791 in einem Kloster in Zentralfrankreich erfunden wurde, andere behaupten, dass er von Katharina von Medicis italienischem Chefkonditor importiert wurde, den sie 1533 mit nach Frankreich brachte, als sie Heinrich II. heiratete. Dann wäre er natürlich eine italienische Erfindung ... Doch solche Geschichten stecken häufig voller Widersprüche und gründen vor allem auf dem jeweiligen Nationalstolz. Als gesichert gilt, dass das heutige Erscheinungsbild des Gebäcks Anfang des 20. Jahrhunderts geprägt wurde, als Pierre Desfontaines, ein Verwandter von Louis Ernest Ladurée, zwei Macaronschalen mit einer Füllung aus Schokoladenganache zusammenklebte. Bravo, Monsieur Desfontaines! Die ursprünglich unter dem Namen Gerbet oder Macaron Parisien bekannte himmlische Verbindung ist bis heute Ladurées Hauptumsatzträger und das Symbol für seinen Erfolg. Ein Besuch in einer der eleganten Teestuben von Ladurée ist ein Muss für jeden Macaron-Fan. Hier taucht man in eine andere Welt ein, in der die Wände reich bemalt sind und die Köstlichkeiten wundervoll verpackt werden.

Le macaron ist inzwischen in Paris so allgegenwärtig wie der Eiffelturm. Ich halte mich bei meiner Wahl an meine Freundin, die, seit sie vor vielen Jahren als Modeeinkäuferin das erste Mal nach Paris kam, Hunderte von Macarons probiert hat. Eine besondere Schwäche hat sie für die schwindelerregende Auswahl an Farben und Geschmacksrichtungen der Macarons von Fauchon – der Bastion feiner französischer Lebensmittel am Place de la Madeleine –, und an ihrer Wahl ist sicherlich nichts auszusetzen. Aber die köstlichsten Macarons, die den Gaumen so richtig verwöhnen, findet man im Maison Pierre Hermé. Seine außen zart-knusprigen, aber innen weichen Macarons mit ihrer Füllung aus cremiger Ganache und perfekt aromatisierter Sahne mit exotischen Geschmacksrichtungen sind pure Versuchung. Widerstand ist zwecklos!

LADUREE
restaurant

MOKKA-MACARONS

Ein traditionelles französisches Rezept für köstliche Macarons mit kleinen Extras für das gewisse je ne sais quoi. *Die Herstellung von Macarons ist nicht so kompliziert, wie es scheint. Entscheidend ist die Konsistenz des Teiges; wenn man ihn auf das Blech spritzt, darf er nicht auseinanderlaufen und muss glatte Taler ergeben. Ist er zu fest, gibt man noch etwas Eiweiß dazu; ist er zu flüssig, lässt man ihn eine Weile ruhen. Ich mag Macarons am liebsten mit viel Füllung, aber es liegt ganz bei Ihnen, wie viel Ganache Sie verwenden. Sieben Sie die Zutaten sorgfältig, wenn nötig, auch mehrere Male. Der Teig darf auf keinen Fall Klümpchen enthalten. Ein letzter Tipp: Macarons sollten beim Verzehr stets Zimmertemperatur haben.*

FÜR CA. 16 STÜCK

100 g fein gemahlene Mandeln
100 g Puderzucker
2 EL ungesüßtes Kakaopulver
3 Eiweiß
100 g Kristallzucker
1 TL Instantkaffee

FÜR DIE GANACHE-FÜLLUNG
125 g Bitterschokolade
60 g Sahne
2 EL Kaffeelikör

Den Ofen auf 180 °C (Umluft 160 °C) vorheizen. Ein großes Backblech mit einer doppelten Lage Backpapier auslegen. Mandeln, Puderzucker und Kakaopulver mischen und in eine große Schüssel sieben, um Klümpchen aufzulösen. Mischung beiseitestellen.

Eiweiß in einer großen Rührschüssel steifschlagen, bis beim Herausziehen der Rührbesen Spitzen stehen bleiben. Etwa 2 Min. weiterschlagen und dabei Zucker und Kaffeepulver einrieseln lassen. Rühren, bis die Mischung sehr steif ist.

Die Mandelmischung mit einem Teigschaber vorsichtig unterheben. Masse in einen Spritzbeutel mit Lochtülle (Durchmesser 1 cm) füllen. 32 Taler mit einem Durchmesser von 3 cm (entspricht etwa 1 EL Teig) mit einem Abstand von ca. 3 cm auf das Backpapier spritzen. Backblech mehrmals vorsichtig rütteln, damit die Macarons flach werden und etwaige Luftbläschen platzen, dann ca. 15 Min. backen. Vollständig auskühlen lassen, dann vom Blech nehmen.

Für die Füllung die Schokolade mit einem Messer fein hacken und in eine Rührschüssel geben. Die Sahne in einen Topf geben und zum Kochen bringen. Dann vom Feuer nehmen, Kaffeelikör dazugeben, Mischung über die Schokolade gießen und zügig verrühren, bis die Schokolade geschmolzen ist.

Creme abkühlen lassen, jedoch nicht in den Kühlschrank stellen. Dann in einen Spritzbeutel mit Lochtülle oder offener Sterntülle (Durchmesser 1,5 cm) füllen und die Ganache auf die flache Seite eines Macaron spritzen, dann ein anderes daraufsetzen. Auf diese Weise alle Macarons verarbeiten.

Macarons vor dem Verzehr mindestens einen halben Tag ruhen lassen, damit sich die Aromen verbinden können.

Pierre Hermé

Der legendäre Pierre Hermé ist unbestreitbar der kreativste und talentierteste Konditor von ganz Paris und in jeder Hinsicht ein wahrer Künstler. Ihn zu würdigen erfordert eigentlich mehr als diesen kurzen Abschnitt, und das nicht nur, weil er als jüngster Nominierter aller Zeiten zu Frankreichs Konditor des Jahres ernannt wurde oder weil er mit dem Chevalier de la Légion d'Honneur ausgezeichnet wurde, dem höchsten zivilen Ehrenabzeichen. Im Laufe der Jahre hat ihm die Presse zahlreiche Spitznamen verliehen: »Der Picasso unter den Konditoren«, »Architekt der Emotionen« und »der Dior der Desserts« sind nur einige der schmeichelhaften Bezeichnungen, mit denen seine Talente schon besungen wurden.

Am bekanntesten ist er vermutlich für seine köstlichen Macarons, aber er ist ebenso ein meisterhafter Chocolatier und Confiseur und der Erfinder eigener moderner Gebäckkreationen und Desserts. Berühmt sind diese vor allem für ihre witzigen und häufig ungewöhnlichen Aromenkombinationen, die zu seinem Markenzeichen geworden sind. Seine Gabe besteht darin, eine Vielfalt von Geschmacksrichtungen und Aromen miteinander zu kombinieren, die vor ihm noch niemand zusammengebracht hat. Wer sonst würde auf die Idee kommen, ein Macaron mit Spargel und Haselnussöl zu komponieren? Er versteht jedoch außerdem besser als jeder andere, dass gegensätzliche Konsistenzen ebenso wichtig sind wie der Einsatz von gaumenschmeichelnden Aromen.

Pierre Hermé begann seine glanzvolle Karriere im Alter von 14 Jahren als Lehrling des legendären Gaston Lenôtre, des Gründers der modernen Patisserie, den er seinen größten Mentor nennt. Mit 24 wurde er Chefkonditor bei Fauchon, wo er elf Jahre lang arbeitete. Als Vizedirektor bei Ladurée bekam er anschließend freie Hand bei der Kreation aller Produktsparten – Patisserie, Viennoiserie und Schokolade – und dem Aufbau einer Kette von Luxuskonditoreien. 1998 eröffnete er ein eigenes Unternehmen, Pierre Hermé Paris, mit einem Ladengeschäft in Tokio. Sein erster Laden in Paris wurde 2002 in der Rue Bonaparte eröffnet, wo man nicht selten mit Models, Filmregisseuren, Dotcom-Unternehmern, Rockstars, Ölmagnaten, Adligen und russischen Erbinnen in Pelz und Juwelen in der unvermeidlichen Schlange vor dem Laden steht. Sie alle sind begierig nach seinen Pralinen, dem perfekten Feingebäck oder den opulenten Schachteln mit Macarons. Angesichts der Verlockungen, die in den heiligen Hallen des Maison Pierre Hermé warten, vergisst man nur allzu leicht den Millionen-Dollar-Vertrag mit der Klausel über den erlaubten Taillenumfang.

Eine klassische Versuchung ist sein göttliches Macaron mit buttriger Salz-Karamellcreme. Unter den modernen Kreationen ist und bleibt der Ispahan mein Favorit, ein großes, rosafarbenes Macaron mit einer Füllung aus frischen Himbeeren und Rosenblättercreme mit Litschiaroma. Wäre dies das Letzte, was ich auf dieser Welt essen dürfte, würde ich als glücklicher Mann sterben. Schokofans sollten unbedingt seine Plaisirs sucrés probieren, eine harmonische Symphonie aus Dacquoise-Biscuit, knackigen Haselnüssen, dünnen Schichten aus Milchschokoladenganache und Milchschokoladensahne. Seine perfekt komponierten Spezialpralinen sind natürlich eine Klasse für sich. Die Croquants au praliné sind moderne Meisterwerke in Konsistenz und Aroma, ebenso wie das Assortiment de chocolats au macaron.

Pierre Hermé ist in ganz Frankreich bekannt, und in Paris gibt es eine Reihe eleganter Filialen in seinen unverwechselbaren Farben. Die Hauptgeschäfte befinden sich nach wie vor in der Rue Bonaparte in Saint-Germain-des-Prés nahe der Kirche Saint-Sulpice sowie etwas außerhalb des Zentrums im kleinbürgerlichen 15. Arrondissement in der langen Rue de Vaugirard.

PIERRE HERMÉ
PARIS

PIERRE HERMÉ
PARIS

Cupcakes

Zum großen Erstaunen der Patissiers alter Schule gehen Cupcakes in der französischen Hauptstadt weg wie warme Semmeln. Überall schießen Läden aus dem Boden, die diese ganz und gar unfranzösischen Törtchen verkaufen. Der weltumspannende Trend der megasüßen, extravagant dekorierten Neuheiten in der Papiermanschette erreichte Paris vor einigen Jahren und löste unter den Fans kalorienreicher Zuckerbomben regelrechte Fressorgien aus.

Wegen ihres grellbunten Aussehens und des üppigen Zuckergusses vermute ich die Heimat des Cupcake – in Großbritannien auch Fairy Cake, also »Feenkuchen«, genannt – in den Vereinigten Staaten. Es gibt zwar keine direkten Aufzeichnungen über ihren Ursprung, aber in *American Cookery*, einem Kochbuch von Amelia Simms aus dem Jahr 1796, wird ein Kuchen erwähnt, der in kleinen Bechern gebacken wird. Der Begriff »Cupcake« wurde jedoch vermutlich erst 1828 in der Rezeptesammlung *Seventy-five Receipts for Pastry, Cakes, and Sweetmeats* der amerikanischen Autorin Eliza Leslie geprägt. Ähnliche Rezepte erschienen zur selben Zeit auch in verschiedenen britischen Kochbüchern.

Am Wochenende stehen zahllose Pariser Leckermäuler in der Rue Rambuteau vor der Berko Bakery Schlange, einer amerikanischen Bäckerei mit französischem Einschlag (oder vielleicht auch andersherum), die Cupcakes in Knallrot, Quietschrosa und Neongrün verkauft, häufig noch mit beliebten amerikanischen Süßigkeiten verziert, wie etwa Oreo-Keksen. Eine andere Spezialität sind Cheesecakes, natürlich mit Frischkäse und einem Boden aus Graham-Crackers (Vollkornkekse), wie man sie in den USA gern isst. Am anderen Flussufer kann man in dem wundervoll gestalteten Schaufenster von Synie's Cupcakes deren unwiderstehliche, originelle Kreationen bewundern. Neben den Aromen, die geradezu auf der Zunge tanzen, wie Zitrone-Ingwer und Dulce de leche mit Meersalz oder Lavendel mit essbaren Blüten, sind ihre herzhaften Cupcakes sogar noch gewagter. Steht Ihnen der Sinn nach einem Cupcake mit einer Garnitur aus karamellisierten Zwiebeln und Käse oder rotem Pfeffer und Pinienkernen, vielleicht sogar mit Sesam, Kräutern und Fromage blanc? Diese Kuchenkünstlerin geht mit Hingabe bis an die Grenzen des guten Geschmacks und auch mal darüber hinaus.

Auf dem verruchten Hügel von Pigalle hat ganz in Rosa unter dem Namen Chloé.S eine Mischung aus Milchbar und Konditorei mit Cupcake-Angebot eröffnet. Sie gehört der gleichnamigen Königin der Cupcakes, die mit Leidenschaft allem Pinkfarbenen huldigt, eine Reverenz an die kitschige Rock-'n'-Roll-Kultur. Eine der koketten Kreationen von Chloé namens Florane bringt Schokolade, Birne und Honig zusammen und krönt alles mit üppiger Karamell-Buttercreme. Sehr empfehlenswert ist auch die Sorte Betty mit Erdnussbutter und einer ebensolchen Cremehaube.

Der Hype um die Cupcakes ist in dieser genusssüchtigen Stadt voller Leckermäuler noch immer ungebrochen. Sogar in den traditionellen Patisserien und Eisdielen und auch im Supermarkt Monoprix wurden die Spaßtörtchen schon gesichtet. *Mon dieu* – ist denn gar nichts mehr heilig?

Synie's

SCHOKO-CUPCAKES MIT ROSEN-MARSHMALLOW-GUSS

Da sowohl Brownies als auch Marshmallows in Paris derzeit sehr angesagt sind, müssen diese Cupcakes einfach an dieser Stelle im Buch vorkommen. Ich bin kein großer Fan des langweiligen Biskuitteigs, den die meisten Rezepte vorsehen, und auch nicht der übersüßen Toppings, die nur nach Zucker schmecken. Der Brownie-Teig und der zarte Marshmallow-Guss mit Rosenaroma ergeben eine raffiniertere Variante. Der Rosen- und auch der Glukosesirup sind über das Internet oder in ausgewählten Feinkostläden erhältlich. Als Dekoration habe ich gezuckerte Rosenblütenblätter verwendet, aber hier können Sie Ihrer Fantasie freien Lauf lassen.

FÜR 12 STÜCK

FÜR DEN TEIG
120 g Bitterschokolade
120 g ungesalzene Butter, gewürfelt
120 g Zucker
2 Eier
70 g Mehl, gesiebt
3 EL Kakaopulver
½ TL Backpulver

FÜR DEN GUSS
200 g Zucker
1 EL Glukosesirup
1 TL gemahlene Gelatine
2 Eiweiß (Größe L)
3 TL Rosensirup

Muffin-Papierförmchen
gezuckerte Rosenblütenblätter (Délices de Roses) *zum Garnieren*

Den Ofen auf 160 °C (Umluft 140 °C) vorheizen und ein Muffinblech mit 12 Vertiefungen mit Papierförmchen auslegen.

Schokolade und Butter bei schwacher Hitze in einem Topf schmelzen lassen und glatt rühren.

Masse abkühlen lassen, währenddessen Zucker, Ei, Mehl, Kakao und Backpulver in einer Rührschüssel vermischen, dann die Schokomasse unterrühren.

Die Papierförmchen zur Hälfte mit Teig füllen und 10–12 Min. backen. Vollständig abkühlen lassen.

Für den Marshmallow-Guss Zucker, 250 ml Wasser, Glukosesirup und Gelatine in einem kleinen Topf unter Rühren erhitzen. Aufkochen lassen und etwa 5 Min. köcheln, dann leicht abkühlen lassen.

Eiweiß mit einem Handrührgerät steifschlagen, dabei den noch heißen Zuckersirup zugießen. Rühren, bis die Masse beginnt zu glänzen und einzudicken. Rosensirup zufügen und 5–10 Min. weiterschlagen, bis die Masse steif ist.

Den Guss mit einem Spritzbeutel oder einem Löffel auf den Cupcakes verteilen und im Kühlschrank fest werden lassen. Mit gezuckerten Rosenblättern oder anderem Dekor garnieren.

Meringues und Brownies

Meringues – einstmals Klassiker der Backkunst – feiern in Paris seit kurzem ein Comeback. In Frankreich früher mit einer Füllung aus Crème chantilly (Schlagsahne), gewöhnlich als Sonntagsdessert serviert, verloren Meringues im Laufe der Zeit an Beliebtheit, auch wenn sie immer noch ein wesentlicher Bestandteil des Mont Blanc und anderer Gebäckstücke sind.

Der Ursprung des Begriffs »Meringue« liegt im Dunkeln. Manche behaupten, er leite sich von der Stadt Meiningen im ehemaligen Herzogtum Sachsen-Meiningen her, andere tippen auf Meiringen, eine Gemeinde im schweizerischen Kanton Bern. Der Legende nach soll im frühen 18. Jahrhundert ein Schweizer Konditor namens Gasparini übrig gebliebenes Eiweiß verwertet haben, indem er es mit Puderzucker steifschlug und in den Ofen schob. Das Ergebnis war ein lockeres, leichtes, zuckriges Teilchen. Die französische Schreibweise *meringue* tauchte erstmals in François Massialots Kochbuch *Le nouveau cuisinier royal et bourgeois* von 1691 auf. Wenn Sie all die Geschichten allerdings für nichts als heiße Luft halten, könnten Sie Recht haben: In der Loire-Gegend werden langsam gebackene Meringues heute noch als *pets*, also als Fürze, bezeichnet – vermutlich wegen ihrer leichten und luftigen Konsistenz!

Im 19. Jahrhundert experimentierte Marie-Antoine Carême, Begründer der Haute Cuisine, erstmals mit einem Spritzbeutel mit Sterntülle und schuf damit das blütenartige Erscheinungsbild des Gebäcks, das man heute aus den Patisserien kennt. Bis dahin waren Meringues mit zwei großen Löffeln geformt worden. Jahrelang sah man im Schaufenster nahezu jeder Bäckerei, die etwas auf sich hielt, ein Gebirge dieser zerklüfteten Hügel aus gezuckertem Eischnee. Ich hatte stets angenommen, dass sie als Zutaten für Desserts gelten und nicht pur gegessen werden. Doch alles ändert sich. Der Meringue-Laden Au Merveilleux de Fred – benannt nach Frédéric Vaucamp, der im legendären Lenôtre lernte, bevor er sein erstes Geschäft in Lille eröffnete und dann in die Hauptstadt expandierte – gehört zu einer Reihe von skurrilen kleinen Geschäften, die sich der Meringue als eigenständigem Gebäck verschrieben haben. Die Kreationen mit so unwiderstehlichen Namen wie Merveilleux, L'Incroyable und L'Impensable sind ganz anders als die einstigen Meringues.

Große, karamellige, schokolastige Brownies sind so amerikanisch wie der Apple Pie. Neben anderen Importen wie Cupcakes, Cheeseburgern und Ralph Lauren ist der Brownie au chocolat bei den Parisern inzwischen fast so beliebt wie frisch gebackenes Baguette. Lanciert wird er vor allem von den amerikanischen Bäckereien und Restaurants, die von amerikanischen Auswanderern wie von Parisern frequentiert werden, doch auch aus den traditionellen Patisserien, Boulangeries und Teesalons ist er inzwischen nicht mehr wegzudenken.

In Paris werden die allgegenwärtigen Würfel mit dem intensiven Kakaoaroma fast immer mit dunkler Schokolade hergestellt und enthalten häufig Nüsse, Milch und weiße Schokolade, Pistazien oder Banane – aber auch Brownies aus Milchschokolade wurden schon gesichtet. Für alle Zugewanderten, die gelegentlich Heimweh nach dem echten Geschmack der Heimat befällt, gibt es das amerikanische Bagels & Brownies in Montparnasse oder die ausgezeichnete japanische Patisserie La Petite Rose im 8. Arrondissement. Bessere Brownies bekommt man nirgendwo!

MERINGUES MODERNES

Auch wenn es gewagt ist – ich finde, dass dieses Rezept ein besseres Ergebnis liefert als die traditionelle Technik der Meringueherstellung in den Patisserien. Normalerweise bestehen Meringues ausschließlich aus Eiweiß und Puderzucker, weshalb sie etwas zu spröde und pulverig sind und oft in tausend Stücke zerbrechen, wenn man versucht, sie zu essen. In meiner Heimat gleicht die Zubereitung der perfekten Meringue einem Initiationsritus, deshalb fühlte ich mich berufen, den französischen Klassiker zu verbessern. Für mich hat diese Meringue eine zartere Konsistenz und schmilzt im Mund, während die Mitte marshmallowartig weich bleibt.

FÜR CA. 12 STÜCK

Öl für das Backblech
4 Eiweiß
120 g Kristallzucker
½ TL Vanilleextrakt
1 TL Weißweinessig
110 g Puderzucker

FÜR DIE FÜLLUNG
100 g frische Himbeeren
2 TL Puderzucker
125 g weiße Schokolade
60 g Sahne

Den Ofen auf 150 °C (Umluft 135 °C) vorheizen und ein großes Backblech leicht ölen, mit Backpapier auslegen und dieses ebenfalls leicht ölen.

Eiweiß mit einem elektrischen Handrührgerät steifschlagen. Dabei den Kristallzucker esslöffelweise zugeben, gründlich verrühren, bis sich der Zucker aufgelöst hat. Anschließend Vanilleextrakt und Essig zufügen. Masse mindestens 10 Min. lang rühren, bis sie glatt und glänzend ist.

Den Puderzucker mit einem Teigschaber unterheben. Mit einem großen Löffel 24 Teighäufchen auf dem Backblech verteilen, dabei zwischen den Meringues mindestens 5 cm Abstand lassen. Mit dem Löffelrücken eine Vertiefung in den Teig drücken.

Die Ofentemperatur auf 140 °C reduzieren und Meringues auf mittlerer Schiene ca. 45 Min. backen, dann den Ofen ausschalten, die Ofentür öffnen und das Gebäck 15 Min. im Ofen etwas abkühlen lassen, damit es in der Mitte weich bleibt.

Für die Füllung Himbeeren und Puderzucker in einen Topf geben und bei schwacher Hitze erwärmen, bis ein sämiges Mus entstanden ist. Dieses durch ein feines Sieb streichen und zum Abkühlen beiseitestellen.

Schokolade fein hacken und in eine Rührschüssel geben. Sahne bis knapp unter den Siedepunkt erhitzen, dann über die Schokolade gießen und alles gründlich verrühren. Anschließend 2 EL Himbeermus zufügen.

Füllung abkühlen lassen, jedoch nicht in den Kühlschrank stellen. Dann jeweils etwas Füllung auf die flache Seite einer Meringue geben und eine zweite daraufsetzen. Auf diese Weise alle Meringues füllen. Das Gebäck kann in einem luftdichten Behältnis bis zu 5 Tage aufbewahrt werden.

FRANZÖSISCHE CHOCOLATE-CHIP-BROWNIES

Wie würde wohl ein Pariser Chocolatier die amerikanischen Backrezepte interpretieren? Die Antwort darauf könnten diese unwiderstehlichen Brownies sein: üppig, dekadent und saftig, mit großen Stücken weißer Schokolade und Milchschokolade. Man kann auch, ganz nach persönlichem Geschmack, Pekannüsse, Haselnüsse oder Walnüsse dazugeben.

FÜR CA. 16 STÜCK

2 Vanilleschoten
180 g Bitterschokolade
185 g ungesalzene Butter, gewürfelt, und Butter für die Form
2 Eier (Größe L)
2 Eigelb
250 g brauner Zucker
60 g Mehl
50 g Kakaopulver
75 g weiße Schokolade, gehackt
75 g Milchschokolade, gehackt

Den Ofen auf 180 °C (Umluft 160 °C) vorheizen und eine 23 x 23 cm große Backform einfetten. Vanilleschoten mit einem scharfen Messer längs einritzen und das Mark herausschaben, in einer Schale beiseitestellen.

Die dunkle Schokolade klein hacken und mit Butter in einer hitzebeständigen Schüssel über einem Topf mit siedendem Wasser schmelzen lassen. Masse etwas abkühlen lassen.

Eier, Eigelb, Zucker und Vanillemark mit einem Handrührgerät cremig schlagen. Schokolade-Butter-Mischung unterrühren.

Mehl und Kakaopulver in eine Schüssel sieben und mit einem Teigschaber unter die Masse heben. Zum Schluss die Schokoladenstücke untermischen.

Teig in die Backform füllen und 20–25 Min. backen. Die Mitte sollte noch feucht, aber nicht flüssig sein. Abkühlen lassen und in Quadrate schneiden.

PISTACHE

blé
sucré
Square Trousseau PARIS

Fameuse Guimauve de Paris

Guimauve

Zu den liebsten Erinnerungen der Franzosen gehören die Süßigkeiten ihrer Kindheit. Und nichts schickt sie so zuverlässig auf eine wehmütige Reise in die Vergangenheit wie das Guimauve, diese geradezu historische Leckerei, deren Ursprünge sich bis ins alte Ägypten zurückverfolgen lassen. Obwohl es wenig Ähnlichkeit mit seinem zuckersüßen, schwammartigen, pastellfarbenen, aufgeblähten, eher nach Watte schmeckenden amerikanischen Verwandten, dem Marshmallow, aufweist, besteht es aus denselben Zutaten, allerdings natürlich plus einer Menge französischem Flair. In letzter Zeit erlebte das heiß geliebte Naschwerk ein Comeback und hat inzwischen erste Verehrer gefunden. So merkwürdig es scheinen mag, die Pariser sind verrückt nach der modernen Reinkarnation des Guimauve. Ich verstehe nicht genau, warum, aber ich glaube, es hat zu einem großen Teil damit zu tun, dass eine Reihe angesagter Patisserien und Confiserien sich dem Trend zum Marshmallow nouveau begeistert angeschlossen haben.

Amerikanische Touristen und Pfadfinder werden vielleicht Schwierigkeiten haben, die französische Version jenes zylinderförmigen Gegenstandes zu erkennen, das sie über dem Lagerfeuer rösten, während sie ihre Pfadfinderlieder singen, aber in jedem Fall werden sie einen mehr als dezenten Preisunterschied bemerken. Die Franzosen stellen ihre rustikale, hausgemachte Version in allen Formen und Größen her, vom traditionellen Würfel bis zu langen, quaderförmigen Streifen, die eher einem Zugluftstopper ähneln. Sie schlingen sie sogar zu Knoten. Die Farbe deutet auf das Aroma hin. Neben dem konventionellen Rosa und Weiß finden sich alle Farben des Regenbogens, von hellem Pistaziengrün über dunkles Violett, schmutziges Schokoladenbraun und leuchtendes Orange.

Angeblich hat die Boulangerie Piccadis, eine unkonventionelle kleine Bäckerei in einer Straße mit dem bezaubernden Namen Rue Gay Lussac in der Nähe des Jardin de Luxembourg, den Ball mit ihren neuartigen Guimauves ins Rollen gebracht, und bis jetzt wurde das nicht dementiert. Auf jeden Fall legen sie großen Wert auf die Neuschöpfung, wie das Hinweisschild in ihrem Schaufenster beweist. Und ihr Guimauve ist gut, sogar ziemlich gut. Aber der Star der Szene ist wohl das Pain de Sucre. Dank seiner Lage im beliebten Stadtteil Marais ist der Laden immer nah am Zeitgeist. Er hat das Guimauve zu seiner Visitenkarte erkoren. In seinem Schaufenster stehen große Gläser mit bunten Schaumzuckerwürfeln in diversen Geschmacksrichtungen wie Matcha (grünes Teepulver), Schwarze Johannisbeere, dunkle Schokolade im Kokosmantel, Engelwurz und, noch ausgefallener, Safran und Chili sowie Chicorée und Whisky. Und bevor Sie ins Grübeln geraten, ob der Chefbäcker nicht von Letzterem eine Flasche zu viel genossen hat, kann ich Ihnen versichern, dass gerade diese Sorte erstaunlich köstlich schmeckt.

Inzwischen findet man solche französischen »Marshmallows« überall in der Stadt, wie etwa bei Gérard Mulot, im À la Mère de Famille, im Le Bonbon au Palais und im Blé Sucré.

ROLLET PRADIER

METRO

5
LE PETIT VATEL
Restaurant

TOUS
LES
VRE
GALERIE
DES
LIVRES
P. VULIN
LIBRAIRIE

ANGELINA

3

Aus Patisserie und Salon de thé

Viele der traditionellen Gebäckstücke, Kuchen und Tartes, die wir in den Schaufenstern der Patisserien bewundern, verdanken ihr Comeback den Fertigkeiten von Gaston Lenôtre, der in den 1970er Jahren die französische Backkunst revolutionierte. Er verfeinerte nicht nur die Techniken und befreite das Gebäck von den aufwendigen Dekorationen, sondern reduzierte auch dessen Gehalt an Sahne, Butter und Zucker. Er ist Vorbild für viele berühmte Konditormeister, wie Pierre Hermé, die ihre eigenen Ideen und ihren persönlichen Stil einfließen lassen, wenn sie die Klassiker neu interpretieren. Wenn wir in ein makellos geformtes Gebäckstück beißen, denken wir in der Regel nicht an all das mühsam erworbene Können, das für diese Art der Perfektion nötig war. Das Produkt ist das Ergebnis jahrelanger Ausbildung durch einen professionellen Konditor, der es gelernt hat, die Techniken mit wissenschaftlicher Präzision anzuwenden, um einen Augen- und Gaumenschmaus zu kreieren. Ob Ihr Liebling nun Eclair, Baba au rhum, Millefeuille, L'Opéra oder Saint-Honoré heißt, diese Köstlichkeiten sind in Paris tief in Alltagsritualen verwurzelt – unverzichtbar und oft tröstlich in einer Welt, wo ein wenig Genusssucht zu einem erfüllten Leben einfach dazugehört.

Wir alle haben einen Liebling unter den kleinen und großen Backwerken. Ich mag Millefeuilles, meine Freundin Kumiko dagegen würde sterben für einen Mont Blanc. Doch wie oft haben wir schon etwas anderes probieren wollen und es dann nicht gewagt, weil wir den Namen nicht kannten? Ich bestellte einmal vor vielen Jahren bei einer streng aussehenden Madame in einer exklusiven Pariser Patisserie »diesen Saint-Honoré im Schaufenster, bitte«. Tatsächlich war es eine Religieuse, und sie sah mich an, als hätte ich vorgeschlagen, ihre Tochter übers Wochenende nach Deauville zu entführen! Als ich auf das gewünschte Gebäck zeigte und mich höflich für die falsche Bezeichnung entschuldigte, schickte sie nur einen Blick zum Himmel.

Glücklicherweise sind die Patissiers von heute freundlicher. Legendäre Konditoren wie Gérard Mulot, Claire Damon aus dem Des Gâteaux et du Pain, Fabrice Le Bourdat aus dem Blé Sucré, Philippe Conticini aus La Pâtisserie des Rêves, Christophe Michalak aus dem Plaza Athénée und viele andere sind häufig im Laden zu finden, machen hilfreiche Vorschläge und bezaubern ihre Kunden mit ihrem Wissen und ihrer Leidenschaft für ihre anspruchsvolle Kunst. In diesem Kapitel wird das Backwerk vorgestellt, das Sie in ihren heiligen Hallen finden – Klassiker, die zum Alltag von Paris gehören. Aus reiner Selbstsucht führe ich nur meine eigenen Lieblinge auf, aber ich hoffe, dass Sie anschließend mit neuem Selbstvertrauen in eine Pariser Patisserie gehen und etwas ganz Besonderes probieren.

LENÔTRE
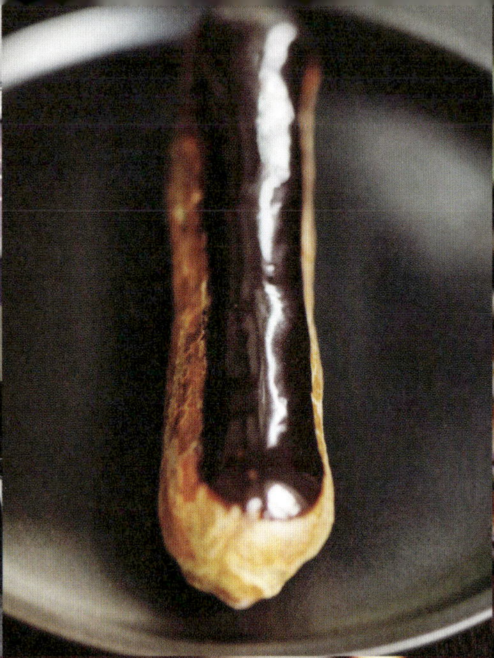

Eclairs

Unter all den süßen Versuchungen, die Paris zu bieten hat, belegt das nie aus der Mode kommende Schokoladen-Eclair einen Ehrenplatz. Das beliebteste Gebäckstück der Pariser könnte zu der Annahme verleiten, dass die meisten von ihnen den Brandteig zu einem Fetisch erhoben haben. Ohne Zweifel ist der Liebesknochen auch deswegen so beliebt, weil er Energie in Form von schnell verwertbarem Zucker liefert und schon das Hineinbeißen ein Hochgenuss ist. Eine unkomplizierte und wahrhaft sinnliche Leckerei zu einem moderaten Preis – Eclairs sind einfach das ultimative süße Fastfood.

Ich gestehe, dass auch ich eine große Schwäche für Eclairs habe. Auch wenn echte *aficionados* das anders sehen mögen: Die besten Eclairs bestehen aus einer Kombination aus wenig Grobem mit viel Glattem – genauer: jede Menge füllige Schokoladencreme in einer leicht knusprigen Teighülle. Die Hülle selbst wird aus Brandteig, Pâte à choux, gebacken und muss frisch, luftig, weich im Biss und nicht zu teigig sein. Dann kommt die *pièce de résistance*: die Füllung – eine Kombination aus himmlischer Crème pâtissière und kräftiger Schokolade. Dick, samtig, cremig und üppig soll sie sein, aber weder zu fett noch zu süß. Die Perfektion liegt hier auf einem schmalen Grat. Den Abschluss bildet der glänzende Guss aus Schokoladenfondant. Ich mag den Überzug gern ein wenig herber, als Gegengewicht zu der süßen Füllung. Schließlich – und an dieser Stelle schlagen Puristen sicher die Hände über dem Kopf zusammen – esse ich Eclairs am liebsten leicht gekühlt mit feinen Kondenswassertröpfchen auf dem Guss.

Natürlich wird das allgegenwärtige Eclair nicht nur in der Geschmacksrichtung Schokolade angeboten; Karamell, Kaffee und Mokka sind ebenso beliebt. Während Puristen finden, dass ein kunstvoll gefertigtes Schokoladen-Eclair die höchste Stufe der Perfektion darstellt, strömen die unkonventionelleren Anhänger mit einem Hang zum Exzentrischen zu Fauchon und seinen Pop-Art-Kreationen: Dünner weißer Schokoladenguss wird hier mit Leopardenmuster verziert, vom Milchschokoladen-Eclair lächeln Mona Lisas Augen. Am anderen Flussufer hat der japanische Konditormeister Sadaharu Aoki das Eclair mit seinen Variationen mit grünem Tee und Sesam zur Kunstform erhoben, während das Pain de Sucre im Marais Ananas-Eclairs und andere farbenfrohe Fruchtversionen anbietet.

Der müde Flaneur auf der Suche nach einer süßen Stärkung kommt am traditionellen Schokoladen-Eclair nicht vorbei, dem Standard, an dem alle Patissiers gemessen werden; *Le Figaro* kürt sogar in seiner Wochenbeilage regelmäßig die besten Varianten. Carette, Jean-Paul Hévin, Stohrer, Vandermeersch, La Maison du Chocolat und Ladurée landen in der Regel auf den ersten Plätzen. Diesen Status anzukratzen ist nicht leicht, insbesondere bei einer Konkurrenz wie Stohrer, der die Marktbesucher in der Rue Montorgueil schon seit 1725 in Versuchung führt. Dennoch hege ich eine Vorliebe für das Blé Sucré im 12. Arrondissement. Ein weiterer Dauerfavorit ist Gérard Mulot in Saint-Germain-des-Prés. Die Leidenschaft für Perfektion lässt sich auch an einem Eclair von Jacques Genin ablesen, das bei einem Bummel durch das Haut Marais ein Muss ist.

SCHOKOLADEN-ECLAIRS

Vielleicht sind Sie der Meinung, ein Schokoladen-Eclair sei viel zu aufwendig in der Herstellung. Ein wenig Arbeit steckt natürlich schon darin, aber diese schokoladigen Köstlichkeiten lohnen die Vorbereitungszeit auf jeden Fall. Mit etwas Übung gelingt der Brandteig bald perfekt. Er enthält Wasser und Milch, die durch die Backhitze verdampfen, wodurch der Teig aufgeht. Im Gegensatz zu anderen Teigen wird dem Brandteig kein Triebmittel wie Backpulver oder Hefe zugesetzt. Die hohe Anfangstemperatur beim Backen wird nach etwa zehn Minuten reduziert.

FÜR CA. 10 STÜCK

FÜR DEN BRANDTEIG
65 ml Milch
55 g Butter
1 Prise Meersalz
100 g Mehl, gesiebt
4 Eier, Zimmertemperatur

FÜR DIE FÜLLUNG
500 ml Crème pâtissière (siehe Seite 74)
30 g Bitterschokolade
15 g ungesüßtes Kakaopulver

FÜR DIE GLASUR
150 g Bitterschokolade
60 g ungesalzene Butter
50 g Puderzucker

Den Ofen auf 200 °C (Umluft 180 °C) vorheizen und ein großes Backblech mit Backpapier auslegen. Für den Teig 65 ml Wasser, Milch, Butter und Salz in einen Topf geben und zum Kochen bringen. Vom Feuer nehmen, das Mehl in kleinen Portionen unterheben und den Teig mit einem Kochlöffel zügig glattrühren.

Topf wieder auf den Herd stellen und Teig bei mittlerer Hitze etwa 2 Min. erhitzen, dabei mit einem Kochlöffel rühren, bis sich der Teig vom Topfrand löst und ein Kloß entstanden ist. Topf vom Feuer nehmen und die Eier nacheinander mit einem Kochlöffel unterrühren, bis der Teig glatt ist und vom Löffel reißt. Den Teig etwa 5 Min. abkühlen lassen, dann in einen großen Spritzbeutel mit Lochtülle (Durchmesser 1,5 cm) füllen.

10 große, etwa 15 cm lange Streifen auf das Blech spritzen, dabei zwischen den Teigstücken einen Abstand von 5 cm lassen, damit sie aufgehen können. In 25–30 Min. goldbraun backen, dabei nach ca. 10 Min. Temperatur auf 160–180 °C reduzieren. Während des Backvorgangs den Ofen nicht öffnen, sonst fallen die Eclairs zusammen! Gebäck auf einem Kuchenrost abkühlen lassen.

Für die Füllung die Crème pâtissière in eine Schüssel geben. Schokolade in einer hitzebeständigen Schüssel über einem Topf mit siedendem Wasser schmelzen lassen. Die Schokolade auf die Crème pâtissière geben, Kakaopulver zufügen und Masse mit dem Schneebesen glattrühren. Creme abkühlen lassen.

Creme in einen Spritzbeutel mit Lochtülle (5 mm Durchmesser) füllen. Jede Teigstange an der Unterseite mit der Tüllenspitze an drei Stellen einstechen und die Füllung möglichst gleichmäßig hineindrücken.

Für die Glasur die Schokolade wie oben beschrieben schmelzen lassen. Butter und Puderzucker zur flüssigen Schokolade geben und mit dem Schneebesen unterrühren, bis die Masse glänzend und cremig ist. Glasur vom Wasserbad nehmen, 10 Min. abkühlen lassen, dann Eclairs einzeln in die Glasur tauchen und den Überzug mit einem Teigschaber glattstreichen. Glasur fest werden lassen.

Millefeuilles

Das typische, mehrschichtige Millefeuille, was so viel heißt wie »tausend Blatt«, hat einen festen Platz auf meiner Bestenliste. Der Tatsache zum Trotz, dass es die besten Millefeuilles in Paris gibt, habe ich schon auf der ganzen Welt welche verspeist. Im englischsprachigen Raum verstecken sie sich gern hinter Bezeichnungen, die eher an Namen von Musikbands erinnern als an Gebäck, etwa Vanilla Slice, Cream Slice oder Custard Slice. In den USA sind sie unter dem Namen Napoleon bekannt. Verständlich, denn nicht jedem geht das Wort Millefeuille mühelos über die Lippen. In Frankreich wiederum ist ein Napoléon ein Millefeuille mit Mandelcremefüllung.

Woher das Millefeuille ursprünglich kam, ist im Laufe der Zeit im Dunkel der Geschichte versunken. Doch im 17. Jahrhundert beschrieb François Pierre de la Varenne, einer der ersten Starköche, es in seinem wegweisenden Buch *Le cuisinier françois* als »Gâteau de mille-feuilles« (»Kuchen aus tausend Blättern«). Doch erst zu Beginn des 19. Jahrhunderts fand das Millefeuille erneut Erwähnung, und zwar bei dem ersten prominenten Koch, nämlich Marie-Antoine Carême, genannt der »Koch der Könige«. Richtig bekannt wurde das Gebäckstück offenbar aber erst durch die Seugnot Pâtisserie in der Rue du Bac im 7. Arrondissement, die es 1867 »zum ersten Mal ihren Kunden anbot«. Monsieur Dubose, der Chefkonditor bei Seugnot, ernannte sich selbst zum »König des Millefeuille«, auch wenn er damals nicht allzu viel Konkurrenz gehabt haben dürfte.

Ein gutes Millefeuille ist nicht einfach zu essen. Ich behaupte, es ist unmöglich, hinterher nicht voller Krümel und Crème pâtissière zu sein, aber es ist auf jeden Fall ein Gaumenschmaus. Grundsätzlich hat das klassische Millefeuille einen fragilen Aufbau aus drei Schichten Pâte feuilletée (Blätterteig), der »leicht wie Blätter« sein sollte. Dazwischen verteilen sich zwei dicke Schichten Crème pâtissière mit Vanillearoma. Manchmal wird diese auch durch Schlagsahne ersetzt, was ich persönlich für ein Vergehen halte. Die Oberseite wird in der Regel mit einem weißen Fondantguss überzogen, der manchmal noch mit dem Spritzbeutel marmoriert wird, also eine *marbrage* erhält. Es gibt viele Variationen dieser süßen Schnitte, aber an dieser Stelle soll uns nur der Klassiker interessieren, der überall in Paris die Kunst des feinen französischen Backwerks verkörpert.

Eine ganze Reihe von renommierten Patisserien in Paris hat das perfekte Millefeuille im Angebot; wenn ich also eine vergessen haben sollte, bitte ich bereits im Vorfeld um Vergebung. Der legendäre Bäcker Vandermeersch im Osten der Stadt auf der Avenue Daumesnil steht ganz oben auf der Liste, auch wenn er für manchen vielleicht etwas abgelegen ist. Jacques Genin im Haut Marais gehört ebenfalls zu meinen Lieblingsadressen. Sein Millefeuille mit gesalzener Butter und Karamell ist einfach fantastisch. Und Gérard Mulot, mein Konditorheld am linken Seine-Ufer, macht ein hervorragendes Millefeuille mit Beeren. Vom Mulot im 6. Arrondissement ist es nur ein Katzensprung in die Rue du Bac im 7., wo Philippe Conticinis moderne Bäckerei La Pâtisserie des Rêves ihre Fans mit Millefeuilles begeistert, wie man sie so verlockend nirgendwo sonst in Paris findet. Und dann ist da natürlich noch das Angelina in der Rue de Rivoli – hier verspeist man die köstlichen Millefeuilles in einer besonders stilvollen Umgebung.

DALLOYAU
DALLOYAU, de 1682 et de demain

L'Opéra

Für diesen raffiniert geschichteten Klassiker müssen wir Monsieur Louis Clichy danken, der ihn unter dem wenig originellen Namen Le Clichy erstmals auf der Exposition Culinaire 1903 in Paris vorstellte. Viele Jahre später entdeckte ihn die fortschrittliche Patisserie Dalloyau und machte ihn unter dem Namen L'Opéra bekannt, nach der Pariser Grand Opéra – angesichts der Tatsache, dass die Köstlichkeit genau den richtigen Ton zwischen der nussigen, süßen Schokolade und den bitteren Kaffeearomen trifft, ein viel passenderer Name. Zeitlos, glamourös, elegant, stilvoll ... L'Opéra ist die servierfertige Haute Couture der Haute Cuisine, gewissermaßen das Chanel-Kostüm unter den Süßigkeiten.

Der Gâteau de l'Opéra, ein saftiger, schwerer Schokoladenkuchen, ist ein Meisterstück der Patisseriekunst, das selbst den erfahrensten Konditor einschüchtern kann. Es versteht sich nahezu von selbst, dass es eine gehörige Portion Talent braucht, um diese subtile Komposition aus komplexen Aromen und Konsistenzen zu erschaffen. Normalerweise besteht der Kuchen aus sieben oder acht dünnen Schichten, drei davon sind aus Mandelbiskuit, *jaconde* genannt, getränkt mit Kaffee-Rum-Sirup. Dazwischen liegen zwei Schichten seidenglatte Kaffee-Buttercreme und eine Schicht aus kräftiger Bitterschokoladen-Ganache. Überzogen ist das Meisterwerk mit einem üppigen Guss aus dunkler Schokolade. Um jeden Zweifel darüber auszuräumen, was man auf dem Teller hat, ist nicht selten das Wort *opéra* in großen Buchstaben quer über den Kuchen gespritzt oder in die Schokolade geprägt; Einzelstücke werden auch gern stolz mit einem Notenschlüssel aus Schokolade oder funkelndem Blattgold verziert.

Traditionell wird der Opéra in langen, schmalen, rechteckigen Stücken serviert und nicht in Quadratform, und wegen seiner Schwere genießt man ihn am besten mit einer Tasse schwarzem Kaffee oder einem feinen Armagnac oder Cognac. Wie das Schokoladen-Eclair esse ich auch diesen Kuchen am liebsten leicht gekühlt, aber die wahren *aficionados* würden wohl eher den Verzehr bei Zimmertemperatur empfehlen.

Wie man herausfindet, wo es den besten Opéra in Paris gibt? *Ce n'est pas un problème*. Für die meisten Salons de thé und die angesehenen Patisserien in ganz Paris ist er eine Art Aushängeschild. Lenôtre ist immer ein guter Anlaufpunkt, aber trotz meiner Verehrung für seinen Gründer schüchtern mich diese Hohetempel der Haute Cuisine häufig etwas ein. Sie haben zudem auch ein recht hohes Preisniveau. Schon aufgrund seiner historischen Bedeutung bei der Einführung dieses Kuchens sollte das Dalloyau ganz oben auf Ihrer Liste stehen. Es gibt mehrere Filialen in Paris. Meine persönlichen Lieblings-Opéras finden Sie jedoch bei Jean Millet im 7. Arrondissement und bei Gérard Mulot in Saint-Germain-des-Prés. Beide haben es in dieser Disziplin zur Perfektion gebracht. Der japanische Patissier Sadaharu Aoki nahe dem Jardin de Luxembourg ist ihnen jedoch dicht auf den Fersen, und die Patisserie-Theke in der Grande Épicerie im berühmten Kaufhaus Bon Marché wird Sie ebenfalls nicht enttäuschen.

Baba au rhum

Nach Frankreich gelangte das Grundrezept für den Baba au rhum der Überlieferung nach im 18. Jahrhundert durch den polnischen König Stanislaus Leszczyński, der nach Elsass-Lothringen ins Exil ging. Der legendäre Nicolas Stohrer, einer seiner Patissier-Lehrlinge, verfeinerte den einfachen polnischen Babka – einen hohen, zylinderförmigen Hefekuchen – durch die Zugabe von Malaga-Wein, Safran, Rosinen und Crème pâtissière. Es klingt zwar wenig überzeugend, aber angeblich las der gute König Stanislaus zu jener Zeit gerade *1001 Nacht* und taufte den neuen Kuchen daher auf den Namen Ali Baba. 1725 wurde Nicolas Stohrer zum Maître pâtissier von Stanislaus' Tochter Maria ernannt und folgte ihr in den Palast von Versailles, wo sie Ludwig XV. heiratete. 1730 hatte er genug vom Trubel in Versailles und eröffnete in Paris in der Rue Montorgueil, wo sie auch heute noch zu finden ist, eine eigene Patisserie.

Doch erst 1835 kam einer der Nachfahren von Monsieur Stohrer auf die Idee, einen Brioche-ähnlichen Kuchen statt in Wein in Rum zu tränken (später wurde das Rezept verfeinert und der Rum mit etwas Zuckersirup vermischt). Der Grundteig eines guten Baba au rhum besteht wie Briocheteig aus Eiern, Milch, Zucker, Butter und natürlich Hefe, ist aber noch gehaltvoller als dieser. Nach dem Backen wird er mit Rum getränkt und häufig mit Schlagsahne und Crème pâtissière gefüllt. Normalerweise backt man ihn in kleinen zylindrischen Einzelformen, die sich nach oben hin leicht verjüngen, gelegentlich findet man auch größere Exemplare. 1844 erfanden die Brüder Julien den Savarin, für dessen Rezept sie den Baba au rhum unverfroren als Grundlage nahmen. Der Savarin wird mit Kirschsirup getränkt und in einer Napfkuchenform anstelle der einfachen zylindrischen Form gebacken. Bis heute gibt es diverse Mischformen und damit auch einige Verwirrung.

Für alle, die es ganz genau wissen wollen: Das Maison Stohrer backt am Originalstandort auf dem Montorgueil-Markt heute noch einen Baba au rhum höchster Güte in vier Variationen: L'Ali Baba (das Original, gewürzt mit Safran, getränkt mit Rum und mit Crème pâtissière und Rosinen), Le baba chantilly (mit Schlagsahne), Le baba rhum nature (mit Rum) und Le baba aux fruits (mit Beeren). Meine Vorliebe gilt allerdings der Variante, die das Pain de Sucre im Marais herstellt und die als Baobab bezeichnet wird. Die Neuinterpretation des Klassikers zeugt vom Erfindungsreichtum dieser Bäckerei: Mittels einer Plastikpipette, die in der Mitte des sirupgetränkten Kuchens steckt und mit einem Rum-Vanille-Punsch gefüllt wird, kann der Gast selbst die Alkoholmenge bestimmen, die ihm gerade beliebt. Ein weiterer Vorreiter in der Liga dieses »Rumkuchens« ist wohl das Blé Sucré im 12. Arrondissement nahe dem Marché d'Aligre. Der charmante Fabrice Le Bourdat backt einen außergewöhnlichen Baba au rhum, der mit Schlagsahne und einem Schokoladenstäbchen serviert wird. Wer etwas mehr in den Genuss investieren möchte, dem sei gesagt, dass der Baba au rhum im Sternerestaurant von Alain Ducasse im Hotel Plaza Athénée als eines seiner besten Desserts gilt.

PAIN DE SUCRE

Saint-Honoré und Paris-Brest

Im Laufe der Jahre lieferte der Brandteig, eines der Grundelemente der Pariser Patisserie, den großen Konditormeistern der Stadt ebenso viele Inspirationen wie Herausforderungen. Zwei der beliebtesten Ergebnisse ihres Fleißes sind die beiden Gebäckarten Saint-Honoré und Paris-Brest. Der Saint-Honoré ist nach dem französischen Schutzheiligen der Konditormeister benannt, Saint Honoré oder Honoratus, der Bischof von Amiens, der im 6. Jahrhundert gelebt haben soll und dem verschiedene Wunder bei der Fütterung seiner Herde zugeschrieben werden. Die Gedächtniskirche, die seinen Namen trägt, steht in der eleganten Rue Faubourg Saint-Honoré.

Das traditionelle Gebäck wurde im 19. Jahrhundert vom einfallsreichen Monsieur Chiboust kreiert und wird heute noch nach dem Rezept seines Erfinders hergestellt. Unten sitzt ein Boden aus Blätterteig, darauf zwei Brandteigkugeln, die in klebrigem Karamellsirup gewälzt und noch warm mit Crème Chiboust gefüllt werden, einer Konditorcreme mit Vanille, Zucker und Eiweiß. Gekrönt wird der Saint-Honoré schließlich mit Sahne, die mit Hilfe einer speziellen Tülle aufgespritzt wird, um den Eindruck des Backwerks auf dem Teller noch zu steigern.

Die Konditorstars von heute haben dieses Gebäck mehrfach variiert. Pierre Hermé etwa kombiniert in seinem köstlichen Carrément Chocolat eine zarte Bitterschokoladencreme mit dem üppig karamellisierten Brandteig. Ladurée verführt mit einer sinnlichen Rosen-Himbeer-Variation des Klassikers. Meinen liebsten Saint-Honoré gibt es im berühmten Carette (der Salon de thé am wunderbaren Place des Vosges). Fabrice Le Bourdat aus dem Blé Sucré im 12. Arrondissement stellt einen ebenso opulenten Saint-Honoré her, genauso wie die kunstfertigen Konditormeister bei Rollet Pradier im 7. Arrondissement.

Das Brandteiggebäck namens Paris-Brest hat eine ähnlich faszinierende Vergangenheit. Es wurde 1891 von einem geschäftstüchtigen Pariser Konditor erfunden, dessen Geschäft praktischerweise ganz in der Nähe der Startlinie eines strapaziösen Langstrecken-Radrennens von Paris nach Brest in der Bretagne lag. Er hatte die pfiffige Idee, zu Ehren dieses Rennens einen Brandteigkuchen in Form eines Fahrradreifens zu backen. Nachdem er ihn mit einer gehaltvollen, aromatischen Haselnuss- oder Nougat-Buttercreme gefüllt und mit gerösteten Mandeln und Puderzucker bestreut hatte, stand der Gewinner des Rennens fest. Der Kuchen wird heute noch nach dem traditionellen Rezept gebacken, aber wie bei allen Klassikern existieren auch davon zahllose Variationen.

Wenn ein Paris-Brest Sie nun verlocken sollte, leihen Sie sich eines der grauen Selbstbedienungs-*bicyclettes*, die in ganz Paris stehen, und radeln Sie zu Rollet Pradier in der Nähe der Assemblée nationale, oder machen Sie eine Spritztour zu Carl Marletti im 5. Arrondissement, und probieren Sie seine einfallsreichen Interpretationen dieses Meisterwerks der Brandteigkunst.

Mont Blanc und Religieuse

Der Mont Blanc, auch Mont-Blanc aux marrons genannt, ist eines der ältesten französischen Desserts und lässt sich bis ins 15. Jahrhundert zurückverfolgen. Über die Frage, ob er französischen oder italienischen Ursprungs ist, wird noch immer gestritten, aber die früheste Erwähnung findet sich in einem italienischen Kochbuch aus dem Jahr 1475, in dem angegeben wird, dass der Mont Blanc zu den Lieblingsspeisen im Haus der berühmten Femme fatale Lucrezia Borgia gehörte. Ich stelle mir gern vor, dass das opulente Dessert eine willkommene Ablenkung von der skrupellosen macchiavellistischen Politik und der sexuellen Korruption darstellte, die dem Papsttum der Renaissance zugeschrieben werden, doch diese Vermutung entspringt ganz allein meiner Fantasie.

Man nimmt an, dass sich der Mont Blanc Anfang des 17. Jahrhunderts in Frankreich verbreitete. Ursprünglich war das Gebäck gelb, vermutlich weil es süß eingelegte Maronen enthielt. Seine Ähnlichkeit mit einem schneebedeckten Berg verdankt er jedoch zweifellos seiner Füllung aus Schlagsahne und Baisermasse. Der heute übliche Aufbau des Gebäcks geht zurück auf Anton Rumpelmayer, einen Österreicher, der 1903 den berühmten Teesalon Angelina in Paris eröffnete.

Trotz aller moderner Konditorkunst ist der klassische Mont Blanc im Vergleich zu zeitgenössischen Gebäckarten nicht gerade ein Kunstwerk. In seiner einfachsten Form besteht er aus feinem, süßem, mit Vanille verfeinertem Maronenpüree, das in langen, nudelartigen Strängen über einen Berg aus geschlagener Sahne, Crème chantilly, gespritzt wird, die ihrerseits auf einem mürben Meringueboden sitzt. Die besten Monts Blancs bekommt man im Herbst, wenn die Maronen Saison haben, doch dank Maronenpüree aus der Dose oder der Tiefkühltruhe werden sie in vielen Salons de thé und Patisserien das ganze Jahr über angeboten.

Es ist kein Geheimnis, dass das berühmte Angelina in der Rue de Rivoli, in dem so illustre Gäste wie Coco Chanel, Marcel Proust und Audrey Hepburn gern verkehrten, für seinen Mont Blanc ebenso bekannt ist wie für seine Kundschaft. Angeblich werden in dem historischen Teesalon der Belle Époque täglich mehr als sechshundert Stück serviert. Auch das Ladurée stellt köstliche Monts Blancs her, ebenso eine Reihe von Salons de thé. Sollten Sie nach dem Anstehen um einen Platz in diesen noblen Etablissements entmutigt davonziehen, gehen Sie am besten direkt zu Jean Millet im 7. Arrondissement, der zu den Meistern des Mont Blanc gezählt wird.

Die Religieuse, eine Art Eclair in Windbeutelform, ist eine Verneigung vor der traditionellen Konditorkunst. Entgegen der allgemeinen Auffassung geht der Name auf die Ähnlichkeit mit einer Nonne in Ordenstracht zurück und nicht darauf, dass sein Genuss der höchsten religiösen Erfahrung gleichkommt. Allerdings braucht man schon viel Fantasie, um in den beiden aufeinandergesetzten Windbeuteln mit einer Füllung aus sündhaft üppiger Crème pâtissière eine Mutter Oberin zu erkennen. Die konventionelleren Versionen sind entweder mit einer Schokoladen- oder einer Kaffeeglasur versehen, aber es gibt auch noch hübschere, respektlosere Variationen des Klassikers, etwa Ladurées höchst delikate Religieuses mit Schwarzen Johannisbeeren und Veilchen- oder Rosenaroma. Das Blé Sucré bietet die köstliche Variante Caramel au beurre salé an, und Carl Marletti bringt eine wunderbare Pistazienabwandlung des Nonnenthemas ins Spiel. Wem schließlich der Sinn mehr nach der orthodoxen Machart steht, sollte unbedingt die Religieuse im Carette versuchen.

EAU & GAZ
A TOUS LES ÉTAGES
13

Stohrer

LENÔTRE

LE LOIR
DANS LA THÉIÈRE

Gérard Mulot

ANGELINA

Le chocolat chaud

Nichts unter den Köstlichkeiten in Paris weckt so viele Emotionen wie die heiße Schokolade, und keine Parisreise ist vollständig ohne einige Schlückchen von diesem himmlischen Gebräu.

Als die Schokolade im 16. Jahrhundert aus der Neuen Welt nach Frankreich gelangte, wurde sie an den französischen Höfen zum Renner. 1657 eröffnete ein genialer Chocolatier namens David Chaillou das erste Schokoladenhaus in Paris und servierte dort heiße Schokolade, die er mit Milch mischte. Sozusagen über Nacht wurde das Getränk zum Gesprächsstoff. Marie Antoinette soll regelrecht süchtig danach gewesen sein, einige Mitglieder ihres Hofstaats schrieben ihm aphrodisierende Eigenschaften zu, andere wiederum eine positive medizinische Wirkung.

Eine gute heiße Schokolade muss sich im Mund anfühlen wie flüssiger Samt. Die Mischung aus kräftigen, dunklen, intensiven Schokoladenaromen und Gewürzen sollte am Gaumen einen Sinnesrausch auslösen, der einen direkt ins Paradies befördert. Für eine echte heiße Schokolade nach Pariser Art braucht man kein Kakaopulver. Sie wird typischerweise aus fein gehackter Bitterschokolade hergestellt, die in heißer Milch geschmolzen und manchmal noch mit Kaffeesahne verfeinert wird. Berühmte Chocolatiers hüten ihre Rezepte, in denen Gewürze wie Ingwer, Chili und Zimt zum Einsatz kommen, sorgsam und verwenden dafür verschiedene Kakaosorten aus der ganzen Welt.

Genießer sind sich weitgehend einig, dass man die beste aller heißen Schokoladen im Angelina bekommt, dem eleganten Salon de thé im Stil der Belle Époque in der Rue de Rivoli. Unter dem Namen L'Africain serviert man dort eine dicke, dunkle, würzige Schokolade in einer großen Schale, die Schlagsahne wird separat gereicht. Gern bestellt man dazu den ebenso legendären Mont Blanc. Jacques Genin, der Schokoladenregent im Haut Marais, bereitet in seinem Labor über dem Geschäft eine weniger süße Chocolat chaud aus einer Mischung französischer Schokoladen zu. Eine mildere Version findet man im berühmten Carette, entweder am Trocadéro oder am Place des Vosges, wo das köstliche Heißgetränk in klassischem Limoges-Porzellan serviert wird. Zu meinen persönlichen Favoriten gehört auch die erste Etage der neuen Schokoladenbar von Jean-Paul Hévin in der Rue Saint-Honoré. Vielleicht gefällt Ihnen ja auch seine Karte mit den leicht skurrilen Gourmetkakaos für die verschiedenen Tageszeiten. Die beiden illustren Cafés am Boulevard Saint-Germain, Les Deux Magots und das Café de Flore, servieren ebenfalls eine ordentliche Chocolat chaud – allerdings zu einem gewissen Preis. Ein Stück den Boulevard hinauf finden Sie in einer engen Gasse das neue Lokal von Pierre Cluizel, Un Dimanche à Paris, wo er seinen üppigen Schokoladencocktail in einem rustikalen Krug anbietet. Schließlich bekommt man an einigen Standorten von La Maison du Chocolat, die über Probiertheken verfügen, die vermutlich reichhaltigste heiße Schokolade von ganz Paris. Ihre Variante mit dem Namen Caracas ist nichts für Leute mit schwachen Nerven, ebenso wenig wie der Bacchus mit einem Schuss braunem Rum.

CH.GERVAIS
CHOCOLAT
SUCHARD

TRADITIONELLE CHOCOLAT CHAUD

Dieses authentische Rezept für die Chocolat chaud à l'ancienne ist genau das Richtige für alle, die auf der Suche nach dem Geheimnis der besten heißen Schokolade sind. Wenn Sie dazugehören, lockern Sie schon einmal den Gürtel, denn dieses Getränk ist cremig, konzentriert und sehr opulent. Aber an manchen Tagen muss man sich so etwas einfach gönnen! Ohne ausdauerndes Rühren mit dem Schneebesen gelingt die Zubereitung nicht, und auf den braunen Zucker und die Prise Meersalz kann ebenso wenig verzichtet werden. Ich mache es wie die Pariser und serviere die Schokolade mit Schlagsahne und gelegentlich mit etwas Kakao, einem Schuss Rum oder Kaffeelikör.

FÜR 4 PERSONEN

600 ml Milch
1 Vanilleschote
250 g Sahne
2 EL brauner Zucker
1 Prise Meersalz
150 g Bitterschokolade, fein gehackt
100 g Milchschokolade, fein gehackt

Schlagsahne zum Servieren

Die Milch in einen großen Topf geben. Die Vanilleschote mit einem kleinen, scharfen Messer längs einritzen. Das Mark herausschaben und mit der Schote zur Milch geben. Kaffeesahne, Zucker und Salz zufügen, dann bei schwacher Hitze zum Sieden bringen, jedoch nicht aufkochen lassen.

Topf vom Feuer nehmen und die Vanilleschote herausnehmen. Anschließend beide Sorten gehackte Schokolade zufügen und umrühren, bis die Schokolade geschmolzen ist. Nun einige Minuten kräftig mit einem Schneebesen schlagen, bis die Schokolade glatt und leicht schaumig ist.

Schokolade erneut erhitzen (jedoch nicht zum Kochen bringen) und in Tassen oder Schalen gießen. Mit Schlagsahne servieren.

DALLOYAU
PARIS
PARIS TOKYO SEOUL DUBAI DOHA

LA CARTUJA DE MOGUER

Tarte aux fraises

Die wunderbar einfache, altehrwürdige Erdbeertorte hat nach wie vor eine begeisterte Anhängerschaft. Bei perfekter Zubereitung verspricht sie einen erstklassigen Genuss. Am besten ist sie natürlich im Sommer, wenn die duftenden, saftigen Erdbeeren reif sind – unter allen Beerentorten ist und bleibt die Tarte aux fraises meine unangefochtene Nummer eins. Es ist der Duft, der mich jedes Mal wieder verführt. Selbst die diszipliniertesten Pariser werden schwach beim Anblick der reifen, süßen roten Früchte auf einer himmlischen Crème pâtissière mit Vanillearoma auf einem leichten, knusprig-krümeligen Boden. Ganz zu schweigen von einer Tarte aux fraises des bois (Tarte mit Walderdbeeren) oder einem frisch gebackenen Tartelette aux framboises (Törtchen mit Himbeeren), bei denen wirklich jedem das Wasser im Mund zusammenläuft.

Die Geschichtsbücher schweigen dazu, wann oder von wem diese klassische Kombination erfunden wurde. Doch auch wenn wir wohl nie erfahren werden, welcher Konditormeister diesen umwerfenden kulinarischen Beitrag geleistet hat, so ist die Weiterentwicklung der Tarte aux fraises auf jeden Fall den Fähigkeiten von Chiboust, Gaston Lenôtre und anderen Männern dieses Kalibers zu verdanken. Sie haben nicht nur die Crème pâtissière vervollkommnet, sondern auch die Pâte sucrée, diesen leichten Kuchenboden, der ideal geeignet ist für süße Törtchen.

Ich liebe es über alles, mir bei einem Picknick an den Ufern der Seine oder dem nächstgelegenen Stück Natur ein bis zwei Stücke Tartes aux fraises einzuverleiben. Irgendwie verstärkt Sonnenschein bei mir den Appetit auf gewagtere Rezepte. Man denke nur an Édouard Manets kontrovers diskutiertes Gemälde *Das Frühstück im Grünen*. Ich erinnere mich noch an einen denkwürdigen Frühlingsmorgen, an dem ich in einem grünen Liegestuhl unter einem blühenden Kirschbaum im Jardin des Tuileries saß und aus Gründen der Marktforschung drei Tartelettes aux fraises probierte, die ich in verschiedenen Patisserien erworben hatte. Ja, es ist harte Arbeit, aber einer muss sie ja machen!

Wo gibt es also nun die besten Erdbeertorten in den Straßen von Paris? Auch hier hat die *Figaro*-Wochenbeilage in der Vergangenheit ihre Hausaufgaben gemacht und die Patisserien aufgelistet, die in einer Umfrage mit dem Titel *Le test des meilleures tartes aux fraises de Paris* am besten abschnitten – zweifellos ein ganz schönes Stück Arbeit. Auf den Plätzen eins bis drei landeten Gérard Mulot, Jacques Genin und das Dalloyau. Ich würde dieses Ergebnis ganz sicher nicht anfechten, vor allem nicht im Fall von Gérard Mulot, dessen quadratische Erdbeertorten auch auf meiner Bestenliste ganz weit oben stehen. Nach meinem Geschmack gebührt jedoch der erste Platz Claire Damon aus dem Des Gâteaux et du Pain im entlegenen 15. Arrondissement. Aber auch Jean Millet im 7. Arrondissement stellt eine Tarte *extraordinaire* her, ebenso wie die moderne Patisserie Hugo & Victor in der Nähe des Bon Marché am Boulevard Raspail. Und schließlich sollten Sie auf Ihrer Jagd nach dem perfekten Törtchen auch die prestigeträchtige Patisserie Lenôtre oder die berühmte Pariser Institution Carette nicht außen vor lassen.

TARTE AUX FRAISES

Diese saftige, einfache Erdbeertorte sollte man wirklich nur im Sommer backen, wenn die roten Früchte Saison haben und ihren unvergleichlichen reifen Duft verströmen, der einen immer so an Picknicknachmittage der Kindheit erinnert. Die importierten, faden Früchte kommen nie an sie heran. Die andere Geheimzutat neben den besten, reifen Erdbeeren ist die üppige Crème pâtissière, die fast fest sein muss, bevor die Früchte daraufgesetzt werden. Nach diesem Rezept kann man übrigens auch eine französische Himbeertorte und viele andere Beerentorten zubereiten.

FÜR 6 PERSONEN

FÜR DIE CRÈME PÂTISSIÈRE
350 ml Milch
1 Vanilleschote
6 Eigelb
100 g Zucker
50 g Sahne
30 g Mehl, gesiebt
30 g Stärkemehl, gesiebt

1 fertiger Tortenboden aus Mürbeteig (Durchmesser 23 cm) (oder siehe Rezept für Pâte sucrée auf Seite 149)
800 g Erdbeeren

FÜR DEN GUSS
150 g frische Himbeeren
2 EL Zucker

Schlagsahne oder griechischer Joghurt zum Servieren

Für die Crème pâtissière die Milch in einen Topf geben. Die Vanilleschote mit einem kleinen, scharfen Messer längs einritzen. Das Mark herausschaben und mit der Schote zur Milch geben. Bis knapp unter dem Siedepunkt erhitzen, dabei nicht anbrennen lassen. Die Vanilleschote herausnehmen.

In einer großen Schüssel Eigelb und Zucker cremig schlagen. Sahne, Mehl und Stärkemehl hinzufügen und zu einer glatten Masse verrühren. Unter ständigem Rühren mit einem Schneebesen die heiße Milch langsam dazugießen.

Die Mischung wieder in den Topf gießen und erneut bis kurz unter dem Siedepunkt erhitzen, dabei ständig rühren, damit keine Klumpen entstehen. Die Hitze reduzieren und die Masse etwa 5 Min. unter ständigem Rühren bei schwacher Hitze weiterköcheln lassen, dann in eine Schüssel gießen und mit Frischhaltefolie abdecken, damit sich keine Haut bildet. Creme abkühlen lassen.

Die Creme mit einem Teigschaber gleichmäßig auf dem Tortenboden verteilen, dabei sollte der Boden zu etwa drei Vierteln gefüllt sein, nicht bis zum Rand füllen! Die Erdbeeren mit den Spitzen nach oben möglichst dicht nebeneinander auf die Creme setzen.

Für den Guss Himbeeren und Zucker in einen Topf geben und bei schwacher Hitze erwärmen, bis ein sämiges Mus entstanden ist. Durch ein feines Sieb streichen und abkühlen lassen. Wenn der Guss fast abgekühlt ist, die Erdbeeren einzeln damit bepinseln. Tarte 1–2 Std. durchziehen lassen, dann mit Schlagsahne oder griechischem Joghurt servieren.

PATISSIE

Tarte au citron

Die Tarte au citron gehört zu den traditionellen französischen Tartes, die wahre Könnerschaft verlangt. Hinter ihrer unauffälligen Erscheinung verbirgt sich eine außergewöhnliche Komplexität von Geschmack und Konsistenz. Echte Kenner dieses Gebäcks beurteilen das ganze Können eines Patissiers nach diesem schlichten Kuchen. Er ist der Maßstab für die wahre Leidenschaft und die Kunstfertigkeit eines Konditors: Er muss Tag für Tag das perfekte Dessert backen können, das auf der Zunge zergeht.

Die Wurzeln der Zitronentarte liegen höchstwahrscheinlich im Mittelmeerraum; in Spanien und Italien wie auch in Frankreich findet man unterschiedliche Versionen dieser beliebten Leckerei. Die Rezepte aus der Zeit um 1650 gleichen dabei sehr denjenigen für moderne Tartes. Jedes Jahr feiert die Stadt Menton in Südfrankreich die Fête du Citron, bei dem die Zitronentarte ihren großen Auftritt hat, und in der provenzalischen Küche findet kein Fest ohne Tarte au citron statt.

Unabhängig von ihrer südländischen Herkunft hat sich diese Tarte als klassischer Bestandteil des Angebots von fast jeder Pariser Patisserie die Gunst der Esser verdient. Entscheidend ist das richtige Gleichgewicht: Die wahre Tarte au citron – oder, wenn man es genau nimmt, in vielen Fällen die Tartelette au citron – sollte eine glänzende Scheibe aus zitronengelber, puddingähnlicher Lieblichkeit in einer mürben süßen Einfassung aus Pâte sablée sein (ein besonders reichhaltiger Mürbeteig aus Butter, Mehl oder gemahlenen Mandeln, Eiern und Zucker, mit Vanille aromatisiert).

Auch wenn die Puristen Dekorationen ablehnen – ich persönlich finde etwas darübergestreute Zitronenschale durchaus akzeptabel. Andere unterstreichen das Aroma durch einen Überzug aus Zitronengelee. Das sieht zwar gut aus, ist aber nicht immer nötig. Es gibt allerdings etwas, worauf ich bestehe: Die Tarte muss säuerlich-frisch schmecken. Die eher hintergründige Säure der Zitrone muss durch die süße, gehaltvolle Crème dringen und zu einem explosiven Geschmackserlebnis auf der Zunge führen. Wie heißt es doch so schön: Sauer macht lustig!

In den letzten Jahren hat der *Figaro* Carl Marletti im 5. Arrondissement für die beste Tartelette au citron von ganz Paris ausgezeichnet, und diesem Urteil kann ich nur zustimmen – doch der Meister kann es sich nicht leisten, sich auf seinen Lorbeeren auszuruhen. Inzwischen habe ich nämlich mein Herz an Mme Damons erfrischend-säuerliche Zitronentarte bei Des Gâteaux et du Pain im 15. Arrondissement verloren. Der Maestro Gérard Mulot belegt einen guten zweiten Platz mit seinem perfekten Gleichgewicht aus Zitronencreme und süßem Mürbeteigboden. Pierre Hermé nennt seinen köstlichen Wettbewerbsbeitrag Le tarte citron au citron – das große Stück Zitronenschale darauf verleiht ihr den besonderen Pfiff. Zum Anbeißen finde ich auch Jacques Genins Zitronen-Tartelette mit etwas geriebener Limettenschale. Und schließlich hat sich auch die blassgelbe Kreation von Fabrice Le Bourdat aus dem Blé Sucré im 12. Arrondissement einen wohlverdienten Platz im Tartes-Olymp erobert.

TARTE AU CITRON

Fast jeder Patissier in Frankreich kennt ein anderes Rezept für dieses Meisterwerk, das oft als streng gehütetes Geheimnis von Generation zu Generation weitergegeben wird. Dies ist meine Version des berühmten französischen Familiendesserts. Es ist sündhaft opulent mit Sahne und viel Eigelb; der Saft und die Schale der Zitrone liefern die erfrischende Säure. Diese Tarte weckt Erinnerungen an Festgelage unter freiem Himmel in provenzalischen Sommernächten, an schweren Muscat de Beaumes-de-Venise und den Duft von Lavendel in der warmen Abendluft.

FÜR 6–8 PERSONEN

300 g fertiger Mürbeteig (oder siehe Rezept für Pâte sucrée auf Seite 149)
Backkugeln zum Blindbacken

75 g ungesalzene Butter
150 g Sahne
2 Eier
6 Eigelb
160 g Zucker
200 ml frisch gepresster Zitronensaft
fein abgeriebene Schale von 2 unbehandelten Zitronen

Schlagsahne zum Servieren

Den Ofen auf 180 °C (Umluft 160 °C) vorheizen.

Den Teig 3 mm dick ausrollen und eine runde, 4 cm tiefe Tarte- oder Quicheform (Durchmesser 24 cm) damit auslegen. Backpapier über den Teig legen und mit Backkugeln füllen. Teig 10–15 Min. blindbacken, bis der Boden hellbraun und leicht knusprig, aber noch nicht ganz durchgebacken ist. Backkugeln und Backpapier entfernen.

Butter langsam in einem Topf zerlassen, dann bei schwacher Hitze nach und nach die Sahne zufügen. Gründlich verrühren, dann beiseitestellen.

In einer hitzebeständigen Schüssel über einem großen Topf mit siedendem Wasser Eier, Eigelb und Zucker mit einem Schneebesen verrühren, bis sich der Zucker aufgelöst hat. Zitronensaft unter ständigem Rühren hinzufügen und 3 Min. weiterrühren. Die Zitronenschale und dann die Butter-Sahne-Mischung zugeben und 5 Min. weiterrühren.

Die Ofentemperatur auf 150 °C (Umluft 135 °C) reduzieren. Nun die Zitronencreme auf den vorbereiteten Tortenboden gießen und 30–35 Min. backen, bis die Füllung goldgelb und in der Mitte noch etwas weich ist. Falls die Oberseite zu bräunen beginnt, mit einem Stück Alufolie abdecken. Tarte aus dem Ofen nehmen und abkühlen lassen. Mit Schlagsahne servieren.

4

Traditionelle Viennoiserie

Wie manche Leser vielleicht wissen, lautet der französische Oberbegriff für Plundergebäck nach Wiener Art Viennoiserie. 1839 eröffnete der österreichische Artillerieoffizier August Zang in der Rue de Richelieu 92 die erste Boulangerie viennoise. Die angebotenen Wiener Spezialitäten, unter ihnen auch das Kipferl – das wegen seiner Form bald als Croissant bekannt wurde –, kamen bei den Pariser Gebäckfreunden bestens an. Das entbehrt nicht einer gewissen Ironie, wenn man bedenkt, dass das Croissant heute als urfranzösisch gilt. Die Leckereien regten zu einer Fülle von Nachahmungen an, denn die nicht minder geschäftstüchtigen französischen Kollegen nahmen das Backwerk nach Wiener Art rasch in ihr Tagesangebot auf. Der Schriftsteller Alphonse Daudet verwendet in einem 1877 verfassten Roman den Begriff Pâtisseries viennoises, der im späten 19. Jahrhundert auf Viennoiserie verkürzt wurde. Auch andere, traditionelle französische Produkte, etwa die Brioche, fielen unter die Kategorie Viennoiserie. Heute versteht man darunter im Wesentlichen »goldbraunes« Gebäck aus Hefeteig, wie etwa für Brioches verwendet, oder aus Blätterteig, aus dem zum Beispiel Croissants bestehen. Aus unerfindlichen Gründen gehören auch Madeleines und Financiers zur Viennoiserie, sowie einige Obsttartes, wie die Tarte aux pommes.

Aufgrund ihrer Herkunft wurde die Viennoiserie traditionell eher von Bäckern hergestellt, doch bald tauchte sie auch bei Pariser Patissiers auf, die sie jeweils auf ganz persönliche Weise verfeinerten. Heute ist Viennoiserie-Gebäck ein vertrauter Anblick in nahezu jeder Boulangerie, Patisserie, in jedem Salon de thé und jedem französischen Supermarkt, in dessen Verkaufstheke es eine eigene Abteilung besetzt. Die meisten assoziieren diese Backwaren wohl mit dem Frühstück, aber natürlich werden sie auch als Imbiss zu jeder anderen Tageszeit genossen. Es gibt außerdem zahlreiche Saisonvarianten wie die Galette des rois, die am Dreikönigstag gegessen wird.

Auf meinen morgendlichen Spaziergängen durch die Straßen von Paris bin ich nicht selten den kohlenhydratlastigen Wiener Versuchungen erlegen. Nach einer durchfeierten Nacht wecken sie so richtig die Lebensgeister! Aber da es sie an jeder Ecke gibt, ist es nicht immer ganz einfach, die besten Viennoiserie-Teilchen einer so großen Stadt wie Paris zu küren. Verzeihen Sie mir also bitte, wenn Ihr Lieblingsbäcker von nebenan auf meiner Liste (siehe Seite 151 ff.) fehlt. Ich beschränke mich darin auch überwiegend auf das Zentrum, das Paris der Touristen. Und egoistisch, wie ich bin, habe ich mich nur auf die Viennoiserie-Sorten konzentriert, die ich selbst am liebsten mag und die wahrscheinlich zu den beliebteren der Stadt gehören.

Croissants

Das legendäre Frühstückscroissant verdankt seine Beliebtheit angeblich der unglückseligen Marie Antoinette, die ursprünglich aus Österreich stammte. Es soll im Jahr 1683 von einem pfiffigen Wiener Bäcker erfunden worden sein, der den Plan der Osmanen vereitelt hatte, mit Hilfe eines geheimen Tunnels einen Überfall auf die Stadt zu verüben. Der Bäcker wurde dafür mit dem Mehlvorrat belohnt, den die türkischen Tunnelbauer zurückgelassen hatten. Als Zeichen der Anerkennung kreierte er ein butterhaltiges Brot in Form des Halbmondes, der auf der Flagge des Osmanischen Reiches zu sehen war. Das Brot avancierte schnell zum beliebtesten Gebäck in Wien. Als die Erzherzogin von Österreich Ludwig XVI. heiratete, nahm sie das Rezept als Erinnerung an ihre glückliche Kindheit mit nach Frankreich. Die Geschichte klingt gut, ist aber wahrscheinlich nicht mehr als eine unterhaltsame Anekdote. Fest steht allerdings, dass das Kipferl, eng verwandt mit dem Croissant, schon im 13. Jahrhundert in Österreich dokumentiert ist.

Ungeachtet der Tatsache, dass Brote und Kuchen in Form einer Mondsichel zu Ehren dieses Himmelskörpers schon seit dem Mittelalter bekannt sind, erlangte das französische Croissant in Paris erst im 19. Jahrhundert die volle Anerkennung. Die frühe Form dieses Gebäcks wurde durch August Zangs Boulangerie viennoise bekannt, und das Wiener Kipferl, aus dem sich später das Croissant entwickelte, zierte bald jeden Frühstückstisch der Pariser *haut monde*. In den 1920er Jahren entwickelte ein Bäcker mit einer Vorliebe für Blätterteig das vielgestaltige Kipferl zu dem buttrigen, unwiderstehlichen Croissant weiter.

Wie jeder Bäcker bezeugen wird, ähnelt die Herstellung eines perfekten Croissants einer Origami-Übung. Das Geheimnis liegt im Falten und Ausrollen, dem sogenannten Tourieren. Das klingt fast einschüchternd, ist in Wirklichkeit aber gar nicht so kompliziert. Echte Croissants werden aus einem Hefeblätterteig, auch Plunderteig genannt, hergestellt, der mit Butter belegt, mehrmals gefaltet und ausgerollt und anschließend mit einem speziellen Croissant-Schneider in Dreieckform geschnitten wird. Das Teigstück wird aufgerollt und dann in die vertraute Halbmondform gebogen.

Wahre Kenner und Genießer verlangen von einem perfekten Croissant eine knusprige, karamellisierte Außenseite, die beim Hineinbeißen knistert, und, ganz wichtig, ein weiches, wabenartiges Inneres, das luftig ist, nach frischem Backwerk duftet und nach einem Hauch von Salz schmeckt. Ich persönlich bin da weniger anspruchsvoll – ich vertilge Croissants mit sahniger Butter und leicht säuerlicher, hausgemachter Aprikosenkonfitüre aus der Provence. Eine rustikale, süße Alternative zu dem beliebten Blätterteig-Urgebilde ist die mit Mandeln bestreute Version mit Nussfüllung.

Die besten Croissants in Paris aufzulisten würde etwa so kontroverse Diskussionen auslösen wie die französische Politik. Jeder hat dazu seine eigene Meinung, und es gibt zahlreiche sachkundige Blogs, in denen mit großer Leidenschaft die eigene Hitliste verteidigt wird. Ich befeuere an dieser Stelle die Diskussion gern noch etwas und nenne nur einige Bäckereien, deren Croissants mich wirklich begeistern, weil sie alle wichtigen Kriterien erfüllen. Poilâne und Du Pain et des Idées stellen beide hervorragende Exemplare her, aber um den ersten Platz für das knusprigste Croissant konkurrieren meiner Ansicht nach Blé Sucré im 12. Arrondissement und Des Gâteaux et du Pain im 15. Arrondissement. Beide erreichen darin echte Perfektion.

LE PAIN BIO

Brioches

Dieser buttrig-lockere Brot-Kuchen-Mischling stammt nicht aus Österreich, sondern aus Frankreich. Die Brioche ist ein wandelndes Paradoxon: Sie wird im Prinzip genauso hergestellt wie Hefebrot, schmeckt aber so köstlich wie ein Viennoiserie-Gebäck. Wie Kuchen enthält sie Eier, Butter, Zucker, Milch und manchmal Sahne, jedoch ist ihre Konsistenz luftig wie die von Brot. Außerdem gibt es sie mit süßem oder pikantem Aroma. Die süße Variante wird häufig mit frischen oder kandierten Früchten oder Schokolade gebacken oder mit Hagelzucker bestreut. In dieser Form gilt die Brioche meist als Kuchen und dient als Grundlage für eine Vielzahl von Desserts mit weiteren Zutaten, Füllungen oder Garnierungen. Die herzhafte Variante kann mit Gemüse, Fleisch oder Käse gefüllt sein, ja der Teig wird sogar für das klassische Filet Wellington verwendet.

Die Brioche in ihren vielen unterschiedlichen Formen weckt bei jedem Franzosen tröstliche Kindheitserinnerungen an den köstlichen Hefeduft, der aus der Küche strömt, wenn das Gebäck gerade im Ofen ist. Und doch löst der Begriff auch negative Assoziationen aus. Er bildet nämlich das Reizwort in einem Zitat aus der französischen Geschichte, das, wie man inzwischen weiß, immer wieder der falschen Person zugeschrieben wird: der vielfach verleumdeten Marie Antoinette. In seiner Autobiografie *Confessions* berichtet der Philosoph Jean-Jacques Rousseau als Beleg für den dekadenten Lebensstil des Adels, »eine große Prinzessin« habe Bauern, denen es an Brot fehlte, empfohlen: »Qu'ils mangent de la brioche.« (»Sollen sie doch Kuchen essen!«) Ob und wie die Begebenheit sich genau zugetragen hat, werden wir wahrscheinlich nie erfahren …

Aufzeichnungen über die Brioche findet man schon im 15. Jahrhundert, vor allem in der Normandie und in Nordfrankreich, wo genügend Butter zur Verfügung stand. Man vermutet, dass das Gebäck aus einer Art Weißbrot entstand. Im 18. Jahrhundert wurde dieses bereits häufig durch die Brioche ersetzt und zu kirchlichen Anlässen wie dem Dreikönigstag serviert. Durch eine stetige Verfeinerung im Laufe von Generationen entstand das Brioche-Rezept, das wir heute kennen.

Die vielleicht bekannteste Form ist die unverwechselbare Brioche parisienne oder Brioche à tête mit ihrem kleinen Dutt und dem hübsch gewellten Unterteil. Bei der Herstellung wird eine Teigkugel in eine Backform mit gewelltem Rand gesetzt und eine zweite, kleinere Kugel obenauf, die den Kopf bildet. Mit Flöckchen von sahniger Charente-Butter und einem Klecks süßer Himbeerkonfitüre stellt sie inzwischen auf dem Frühstückstisch die klassische Ergänzung zu einer dampfenden Tasse Café crème dar.

Und wem gebührt nun der Pokal für die beste Brioche der Stadt? Um den zweiten Platz kämpfen Pain de Sucre im beliebten Marais und Gérard Mulot am linken Seine-Ufer, aber den Titel selbst vergebe ich auch in dieser Kategorie an Des Gâteaux et du Pain im 15. Arrondissement.

BRIOCHE NANTERRE

Diese Brioche mit dem duftenden, lockeren Teig und der glänzend gebräunten Kruste ist auf jeden Fall einen Versuch wert. Eine Brioche Nanterre wird in der Kastenform gebacken. Statt in kleinen Einzelformen zwei Teigkugeln zu backen, werden hier zwei Reihen Kugeln nebeneinander in die große Form gesetzt, dann lässt man sie gehen. Durch die viele Butter ist der Teig sehr reichhaltig, geradezu opulent und ergibt nach dem Backen eine köstlich goldgelbe Brioche. Die besten Ergebnisse erzielt man mit hochwertiger ungesalzener Butter.

FÜR 8 PERSONEN

2½ TL Trockenhefe
2 EL Zucker
250 g Mehl (Type 550)
½ TL Meersalz
4 Eier, leicht verquirlt
225 g ungesalzene Butter, gewürfelt, Zimmertemperatur

ZUM BESTREICHEN
1 Ei, leicht verquirlt

2 EL lauwarmes Wasser in eine Schale geben, die Hefe hineinstreuen und 5 Min. an einen warmen Ort stellen, bis sich Blasen bilden.

In einer großen Rührschüssel Zucker, Mehl und Salz mischen. Die Hefemischung dazugeben und mit den Knethaken eines Handrührgeräts auf niedriger Stufe vermengen. Dann die Eier zufügen.

Die Masse 1 Min. auf niedriger Stufe durchkneten, dann 10 Min. auf hoher Stufe weiterkneten, bis der Teig sich vom Schüsselrand löst. Nach und nach die Butter zufügen und 5 Min. weiterkneten, bis der Teig glänzt und elastisch ist.

Die Schüssel mit einem Küchentuch abdecken und den Teig 2 Std. bei Zimmertemperatur stehen lassen, bis er sein Volumen verdoppelt hat. Den aufgegangenen Teig aus der Schüssel nehmen, in 8 Stücke teilen. Jedes Stück glattkneten und zu einer Kugel rollen.

Die 8 Kugeln paarweise dicht nebeneinander in eine leicht gebutterte Kastenform (ca. 23 x 10 cm) legen. Form mit einem feuchten Küchentuch abdecken und die Kugeln bei Zimmertemperatur 30 Min. ruhen lassen. Den Ofen auf 180 °C (Umluft 160 °C) vorheizen. Vor dem Backen mit einem Messer in jede Kugel ein Kreuz ritzen. Teig mit dem verquirlten Ei bestreichen.

Brioche 20–25 Min. backen, bis sie gut aufgegangen und goldbraun ist, dann auf einem Kuchengitter leicht abkühlen lassen. Die noch warme Brioche mit Butter und selbst gemachter Konfitüre servieren.

POMMES F

Pain au chocolat und Pain aux raisins

Das köstliche Pain au chocolat ist nah verwandt mit dem Croissant. In Südwestfrankreich und Kanada ist es unter dem Namen Chocolatine bekannt, in manchen Ländern sogar als Schokoladencroissant. Das Pain au chocolat, das meist zusammen mit Croissants noch warm aus dem Ofen verkauft wird, ähnelt diesen auch in der Herstellung – der Hefeblätterteig wird tourniert, nur gibt man noch ein Stück Schokolade hinein. In den schweren, knusprigen Rechtecken mischt sich die verhaltene Süße des blättrigen, luftigen Butterteigs mit der bitteren Süße der glatten Schokolade – eine himmlische Verbindung.

Mein geliebtes Vormittagsteilchen konnte vermutlich erst Mitte des 19. Jahrhunderts seinen Siegeszug antreten, als der Schokoladenriegel erfunden wurde. Die Geschichte schweigt sich darüber aus, wer das erste Pain au chocolat herstellte, aber wie bei der Brioche liegen die Ursprünge mit größerer Wahrscheinlichkeit in Frankreich und nicht in Wien. Wer auch immer damit anfing, er setzte eine wunderbare Erfolgsgeschichte in Gang. Heute gehört das Pain au chocolat zu den beliebtesten Nachmittagssnacks der französischen Schulkinder. Der Himmel weiß, wie viele dieser Gebäckstücke jeden Tag in Paris verschlungen werden, ganz zu schweigen vom Rest der Welt.

Wer in Paris das beste Pain au chocolat backt? Das ist ein Kopf-an-Kopf-Rennen zwischen den beiden Bäckereien Des Gâteaux et du Pain und Du Pain et des Idées, wobei ich Letztere noch etwas besser finde. Die preisgekrönte kleine Boulangerie des wagemutigen Christophe Vasseur nahe dem Canal Saint-Martin im 10. Arrondissement steckt in der Tat voller »Brot und Ideen«. Probieren Sie unbedingt auch einmal ihr köstliches Pain au chocolat mit Bananen, das stets schnell ausverkauft ist.

Ich muss gestehen, dass mein allerliebstes Viennoiserie-Gebäck das Pain aux raisins ist. Was kann besser sein als ein warmes, knuspriges Brioche-Gebäck mit einer Füllung aus einer lecker nach Ei schmeckenden Crème pâtissière und in Rum getränkten Rosinen, gekrönt von einer marmeladenartigen Glasur, die beim Backen das ganze Teilchen karamellisiert? Für nur einen Bissen des besten Pain aux raisins in Paris würde ich glatt die Seine durchqueren, selbst wenn sich darin Haie tummelten.

Leider muss das Pain aux raisins wegen seiner Spiralform so unpassende Spitznamen wie Escargot, (Rosinen-)Schnecke, erdulden. Das kalorienreiche Pain aux raisins ist nicht einfach herzustellen, denn die Butter muss bei der Teigherstellung eine bestimmte Temperatur haben, damit das blättrige Gebäck leicht und luftig wird. Ebenso wichtig ist es, dass es nicht zu lang im Ofen bleibt, damit die Außenseite nicht austrocknet und die Rosinen verschrumpeln. Glücklicherweise gibt es Patissiers in Paris, die die Kunst der Herstellung dieser spiralförmigen Köstlichkeit perfekt beherrschen. Blé Sucré backt sie genau so, wie sie sein müssen, ebenso die historische Bäckerei Moulin de la Vierge im 7. Arrondissement und an weiteren Standorten in ganz Paris. Und natürlich kann ich auch hier meine beiden anderen Favoriten, Des Gâteaux et du Pain im 15. Arrondissement und Du Pain et des Idées im 10. Arrondissement, nicht unerwähnt lassen.

Madeleines

Der Schriftsteller Valentin Louis Georges Eugène Marcel Proust hat diesen kleinen, gehaltvollen, muschelförmigen Biskuit für alle Zeiten in der französischen Kultur verankert. In seinem autobiografischen Roman *Auf der Suche nach der verlorenen Zeit* gibt es eine Schlüsselszene, in der die Madeleine es dem Protagonisten möglich macht, die Vergangenheit gewissermaßen lebendig werden zu lassen. Doch auch ohne Proust gehört der kleine Kuchen für die meisten Franzosen zu den schönen Kindheitserinnerungen und wird selbst von den Erwachsenen noch gern in den Tee getunkt. Die Madeleine ist sogar so tief in der französischen Tradition verwurzelt, dass sie für die EU-Kulturinitiative »Café Europa« am Europatag 2006 als landestypisches Gebäck ausgewählt wurde.

Wie es bei vielen Lieblingsobjekten mit nostalgischen Anklängen der Fall ist, sind auch die Ursprünge der Madeleine von romantischen Legenden umrankt. Anders als man vielleicht vermuten könnte, scheint sie nicht nach der heiligen Maria Magdalena oder der bekannten Kirche La Madeleine in Paris benannt zu sein. Manche Quellen behaupten, sie verdanke ihren Namen Madeleine Paulmier, einer Konditorin aus dem 19. Jahrhundert, aber einer anderen Überlieferung zufolge liegt ihr Ursprung im 18. Jahrhundert in der Stadt Commercy in Lothringen. Offenbar hatte eine Dienerin des abgesetzten Königs von Polen, Stanislaus Leszczyński, sie zunächst in echten Muschelschalen gebacken, dem traditionellen Emblem der Pilger, die auf ihrem Weg zum spanischen Santiago de Compostela durch Commercy kamen. Das Leckermaul Stanislaus war so hingerissen von den weichen, zitronigen Butterküchlein, dass er sie nach der Dienerin benannte, deren Name, man kann es sich denken, Madeleine lautete. Ob nun wahr oder erfunden, eine schöne Geschichte ist es jedenfalls.

Perfekte Madeleines werden aus feinstem Mehl und bester Butter hergestellt, diese idealerweise aus der Region Charente, aus der die aromatischste Butter Frankreichs stammt. Der Génoise- oder Biskuitteig aus Butter, Zucker, Eiern und Mehl wird traditionell mit Zitrone oder Orangenblütenwasser aromatisiert und nach dem Backen mit einer süßlich-herben Zitrusglasur überzogen. Letztere ist für mich das i-Tüpfelchen, das die Madeleine zu dem macht, worüber sich sogar Schriftsteller begeistert auslassen. Kenner sind sich einig, dass die delikaten Teilchen saftig und zitronig-frisch sein, eine goldbraune Kruste haben und nach gebräunter Butter duften müssen. Zur Erinnerung an König Stanislaus' großzügige Geste werden sie traditionell in einem Blech mit muschelförmigen Vertiefungen gebacken, damit sie der Pilgermuschel ähneln (siehe Rezept nächste Seite).

Fast jeder gute Patissier in Paris bietet eine eigene Version dieses beliebten Grundnahrungsmittels an, also muss man sich schon ziemlich anstrengen, wenn man herausfinden will, wer die allerbesten macht. Doch keine Sorge, Hugo & Victor am Boulevard Raspail im 7. Arrondissement backen beispielsweise fantastische Exemplare, die jede Auszeichnung verdient hätten. Für mich macht jedoch Fabrice Le Bourdat, der Besitzer des Blé Sucré im 12. Arrondissement, das Rennen. Monsieur Proust wäre dort bestimmt Stammgast.

MADELEINES MIT ORANGENGLASUR

Die Madeleine, untrennbar mit jeder französischen Kindheit verbunden, ist einfach zu backen. Dieses Rezept kommt den Gebäckversionen nahe, die man in den Pariser Patisserien findet. Orangenschale und -glasur können auch weggelassen oder durch Zitrone ersetzt werden. Idealerweise verwendet man ein Madeleine-Blech mit muschelförmigen Vertiefungen, als Ersatz kann ein flaches Muffin-Blech dienen. Man kann Madeleines einige Tage in einem luftdicht abgeschlossenen Behältnis aufbewahren, am besten schmecken sie jedoch frisch gebacken.

FÜR CA. 24 STÜCK

130 g ungesalzene Butter und Butter für die Form
3 Eier, Zimmertemperatur
1 Eigelb
120 g Zucker
1 Prise Salz
175 g Mehl und Mehl für die Form
1 TL Backpulver
abgeriebene Schale von 2 unbehandelten Orangen

FÜR DIE GLASUR

150 g Puderzucker
2 EL frisch gepresster Orangensaft

Die Butter in einem kleinen Topf bei mittlerer Hitze zerlassen, bis sie goldbraun ist und ein leicht nussiges Aroma verströmt – jedoch nicht zu stark erhitzen! Zum Abkühlen beiseitestellen.

Ein Madeleine-Blech mit etwas zerlassener Butter einfetten, mit Mehl bestäuben und in den Kühlschrank stellen.

Eier, Eigelb, Zucker und Salz 5 Min. mit dem Handrührgerät schaumig rühren.

Mehl und Backpulver sieben und mit einem Teigschaber vorsichtig unter die Eimasse heben.

Orangenschale in die zerlassene Butter geben, diese langsam zum Teig gießen und gründlich unterrühren.

Die Teigschüssel abdecken und für mindestens 1½ Std. in den Kühlschrank stellen. Den Backofen auf 220 °C (Umluft 200 °C) vorheizen.

Die Vertiefungen im Blech jeweils zu etwa drei Vierteln mit Teig füllen. Madeleines 8–9 Min. auf der oberen Schiene backen, bis die Oberseiten leicht gebräunt sind und sich fest anfühlen. Das Gebäck aus dem Ofen nehmen und auf ein Kuchengitter stürzen, abkühlen lassen.

Für die Glasur Puderzucker und Orangensaft zu einer glatten Mischung verrühren. Gebäck auf beiden Seiten mit Glasur bepinseln und auf dem Kuchengitter fest werden lassen.

Financiers

Der französische Financier oder Friand, wie er in anderen Teilen der Welt genannt wird, gehört zu meinen ganz persönlichen Favoriten – nicht wegen seiner fiskalen Assoziationen, sondern einzig und allein wegen seiner köstlichen Einfachheit. Der Name geht auf die spezielle rechteckige Form zurück, in der er gebacken wird und die einem Goldbarren ähnelt. Vielleicht erleichtert es Sie ja, zu hören, dass er nichts mit der Beliebtheit des Gebäcks unter Bankern zu tun hat.

Die Ursprünge des Financier liegen im Dunkeln. Wahrscheinlich stammt er in der einen oder anderen Form aus dem Mittelmeerraum, wo es reichlich Mandeln gab. Heute ist das leichte, nussige Teegebäck, das eine gewisse Ähnlichkeit mit einem Biskuit aufweist, in Paris ein heiß geliebter Nachmittagsimbiss. Das gewisse Etwas des Teigs aus gemahlenen Mandeln, Mehl, Eiweiß und Puderzucker ist die Beurre noisette, die »braune Butter« oder, wörtlich übersetzt, »Haselnussbutter«. Dafür wird Butter im Topf zerlassen, bis sie goldbraun ist und ein nussiges Aroma entwickelt. Manchmal werden noch fein gehackte Mandeln dazugegeben, aber ich bevorzuge in diesem Fall eher die puristische Version.

Sein nächster Verwandter am anderen Ende der Welt, der Friand, der sich in Australien wie ein Buschfeuer verbreitet, wird nach demselben Rezept gebacken, jedoch in ovalen Formen und oft mit Beeren, Kokosraspeln, Schokolade und anderen Zutaten verfeinert. Man findet ihn in Australien und Neuseeland überall dort, wo ein dampfender Milchkaffee auf dem Tisch steht. Mit dem französischen Friand, einem Würstchen im Blätterteigmantel, auch bekannt als Cochon dans une couverture (»Schwein in einer Decke«), hat er glücklicherweise nichts zu tun.

Die besten Financiers in Paris backen Hugo & Victor im 7. und das Blé Sucré im 12. Arrondissement. Auch bei Gérard Mulot im 6. und im Des Gâteaux et du Pain im 15. Arrondissement sowie in den vielen Filialen der Bäckerei Moulin de la Vierge ist diese Spezialität zu empfehlen.

HIMBEER-FRIANDS AUS AUSTRALIEN

Man muss schon sehr verwegen sein, um sich anzumaßen, den Franzosen das Backen beibringen zu wollen. Vielleicht führt man mich dafür zur Guillotine, wenn ich mich in Paris öffentlich zeige! Ich glaube aber, dass diese Financiers oder Friands, wie sie in Australien und Neuseeland heißen, deutlich besser sind als die manchmal etwas faden, trockenen Teeküchlein, die man in vielen Pariser Patisserien findet. Es ist nicht schwer, einen guten Friand zu backen, man braucht nur hochwertige Zutaten und natürlich die Geheimzutat – Beurre noisette. In Paris backt man Financiers in speziellen goldbarrenartigen Formen, in Australien und Neuseeland nimmt man dafür ovale Friand-Förmchen. Stattdessen kann man auch kleine Muffin-Förmchen verwenden.

FÜR CA. 8 STÜCK

190 g ungesalzene Butter und Butter für die Form
150 g frische Himbeeren
200 g Puderzucker und Puderzucker zum Bestäuben
65 g Mehl
135 g gemahlene Mandeln
6 Eiweiß

Schlagsahne oder Himbeersauce zum Servieren

Den Ofen auf 180 °C (Umluft 160 °C) vorheizen und 8 kleine Kasten-, ovale Friand- oder kleine Muffin-Förmchen großzügig einfetten. Die Hälfte der Himbeeren leicht zerdrücken und beiseitestellen.

Für die Beurre noisette die Butter in einem Topf bei mittlerer Hitze zerlassen, bis sie goldbraun ist und ein nussiges Aroma entwickelt, jedoch nicht zu stark erhitzen! Zum Abkühlen beiseitestellen.

Puderzucker, Mehl und Mandeln in eine Schüssel sieben und vermengen. In einer anderen Schüssel das Eiweiß steifschlagen. In die Mitte der Mehlmischung eine Mulde drücken und den Eischnee hineingeben.

Die zerdrückten Himbeeren hinzufügen und die zerlassene Butter vorsichtig unterrühren, bis ein weicher Teig entsteht.

Den Teig gleichmäßig auf die vorbereiteten Förmchen verteilen. Mit den restlichen Himbeeren belegen und ca. 20 Min. backen. Die Friands sind fertig, wenn sie an der Oberseite fast fest und goldbraun sind und an einem hineingesteckten Holzspießchen keine Krümel hängen bleiben. Friands 5 Min. in den Formen abkühlen lassen, dann auf einen Kuchenrost stürzen.

Friands mit Puderzucker bestäuben und nach Belieben mit Schlagsahne oder Himbeersauce servieren.

PAINS
FRANÇAIS
VIENNOIS

CHAUDS
A TOUTE HEURE
PANIFICATION
HYGIENIQUE
PAINS SUR LEVAIN
AU BEURRE

BISCOTTES
BOULANGERIE

Brioche pur
Beurre
4.70 €

2me. ARRt.
RUE
DU CROISSANT

Tarte aux pommes

Die Franzosen machen wirklich wunderbare Obsttartes. Um die Präzision und Perfektion, die aus den spiralförmig angeordneten, sorgfältig geschnittenen Früchten spricht, die unter einem zuckersüßen Guss auf einem hauchdünnen, leicht mürben Boden ruhen, beneidet sie jede ambitionierte Hausfrau. Wie nicht anders zu erwarten, hat Paris eine Vielzahl köstlicher Obsttartes im Angebot, häufig nach streng gehüteten Rezepten hergestellt. Eine Tarte aber steht bei fast allen ganz oben auf der Liste: die Mutter aller Tartes, die Apfeltarte oder Tarte aux pommes. Und die meisten denken dabei tatsächlich an die Tarte, die ihre Mutter immer gebacken hat. Frankreichs beliebtestes Rezept wird nämlich ganz matriarchalisch von Generation zu Generation weitergegeben.

Der Mürbeteig, die Pâte sucrée, sollte sehr französisch sein – süß, knusprig, dünn und keksartig, aber nicht krümelig. Und natürlich sollte er mit guter französischer Butter hergestellt und mit ein bis zwei Eigelb verfeinert worden sein. Oft wird eine Schicht aus süßer Mandelcreme als Extrafüllung eingearbeitet, die die Aromen wunderbar miteinander verbindet. Die rustikaleren Versionen werden ohne Creme hergestellt und beinhalten stattdessen zusätzliche Apfelschichten.

Es versteht sich von selbst, dass die Sorte der verwendeten Äpfel entscheidend für die Tarte ist, obwohl die Auswahl von Rezept zu Rezept variiert. Viele Konditoren bleiben beim bewährten Granny Smith wegen seines ausgewogenen Verhältnisses von Säure und Süße und seiner Eigenschaft, beim Backen in Form zu bleiben, aber im Grunde eignen sich alle festen Sorten, ob Koch- oder Tafelapfel, zum Beispiel Renette oder Cox Orange. Entscheidend ist eher, dass die Apfelspalten beim Backen weich und saftig werden, an den Rändern bräunen und leicht karamellisieren.

Ein Stück Tarte aux pommes direkt aus dem Ofen eines Bäckers oder mit einer Kugel Vanilleeis in einem Straßencafé gehört für mich zu den Gebäcken, die am intensivsten den Duft von Paris verströmen. Im Laufe der Zeit habe ich unzählige Tartes probieren können, doch der unbestrittene Sieger bleibt für mich die einfachste Version vom berühmten Bäcker Poilâne in der Rue du Cherche-Midi. Das inzwischen von der jungen, lebhaften Apollonia Poilâne geführte Geschäft überzeugt mit großen Stücken zart gebräunter, weicher Äpfel, perfekt karamellisiert und in einen mit lockerer Hand geformten, jedoch leichten, krossen, leicht salzigen Boden eingebettet – purer Genuss!

Tarte aux
Abricots
Sur crème d'amandes
Prix : 22,30€

TARTE AUX POMMES

Dies ist die gute alte Tarte aux pommes, die französische Mütter und Großmütter früher jeden Sonntag gebacken haben – und es hoffentlich heute noch tun. Die Zubereitung ist einfach, aber man sollte sich die Zeit dafür nehmen, die Äpfel schön gleichmäßig auszulegen. Sie können jeden Koch- oder süßen Tafelapfel nehmen, ich persönlich verwende am liebsten Granny Smith.

FÜR 6–8 PERSONEN

250 g Mürbeteig (aus dem Kühlregal oder siehe Rezept für Pâte sucrée auf Seite 149)

Backkugeln zum Blindbacken

FÜR DIE MANDELCREME
100 g ungesalzene Butter und Butter für die Form
50 g Zucker
100 g gemahlene Mandeln
2 Eier (Größe L)

FÜR DIE FÜLLUNG
4 große Äpfel (z. B. Granny Smith), geschält und in dünne Spalten geschnitten
50 g Butter, zerlassen
½ Ei, verquirlt

FÜR DIE GLASUR
4 EL Aprikosenkonfitüre

Eine Tarteform mit gewelltem Rand und herausnehmbarem Boden (Durchmesser 23 cm) leicht einfetten. Den fertigen Mürbeteig aus dem Kühlschrank nehmen und 10 Min. bei Zimmertemperatur stehen lassen.

Teig auf einer leicht bemehlten Arbeitsfläche 3 mm dick ausrollen und die Form damit sorgfältig auslegen. Den Boden mehrmals gleichmäßig mit einer Gabel einstechen, dann für mindestens 2 Std. wieder in den Kühlschrank stellen. Dann wirft er beim Backen keine Blasen.

Den Ofen auf 180 °C (Umluft 160 °C) vorheizen. Den Tarteboden mit Backpapier belegen, Backkugeln darauflegen und 10 Min. blindbacken. Papier und Backkugeln herausnehmen und den Boden weitere 10 Min. backen, bis er goldbraun ist. Aus dem Ofen nehmen, abkühlen lassen und kühl stellen.

Für die Mandelcreme Butter und Zucker verrühren und die Mandeln unterheben. Eier hinzufügen und gründlich unterrühren. Mandelcreme auf den Tarteboden geben und mit einem Palettenmesser gleichmäßig verteilen.

Die Apfelspalten von außen nach innen spiralförmig überlappend anordnen, bis der gesamte Boden bedeckt ist.

Ofentemperatur auf 160 °C (Umluft 140 °C) reduzieren und die Tarte 25–30 Min. backen. Dabei nach 5 Min. die Äpfel mit der zerlassenen Butter bestreichen. Weiterbacken, bis sie zu bräunen beginnen. 5 Min. vor Ende der Backzeit die Tarte aus dem Ofen nehmen und mit dem Ei bestreichen. In den letzten 5 Min. sollen die Apfelränder leicht zu karamellisieren beginnen.

Für die Glasur die Aprikosenkonfitüre mit 2 EL Wasser erhitzen und durch ein Sieb streichen. Die Äpfel auf der noch warmen Tarte mit der warmen Glasur bestreichen. Tarte warm oder kalt nach Belieben mit Crème fraîche oder Vanilleeis servieren.

ET DE CHAUSSONS
POMMES FRAICHES
Petit Beurre
CAIF
CAIF
CAIF
RENNES
PRALINES CHOCOLAT

Chaussons aux pommes

Nach dem Pain aux raisins ist der Chausson aux pommes, die Apfeltasche, mein liebstes Kleingebäck. Das halbkreisförmige Blätterteigkunstwerk aus der Viennoiserie hat seine Ursprünge wie viele andere, ähnliche Blätterteigstücke wahrscheinlich im Frankreich des 17. Jahrhunderts. In François-Pierre de la Varennes Werk *Le cuisinier françois* von 1651 findet sich ein Rezept für Chausson aux pommes. Der Autor beschreibt es als »pausbäckiges, sauber beschnittenes Gebäck mit einer Füllung aus Apfelkompott in Vanillesirup«. Das bringt es ziemlich gut auf den Punkt.

Das gefaltete Apfelküchlein hat sich einen eigenen Platz in der französischen Folklore erobert. Am ersten Septemberwochenende kommen die Patissiers, Bäcker und Konditoren der Stadt Saint-Calais zusammen, um im Gedenken an die Burgherrin, die 1630 die Stadt vor einer Hungersnot rettete, die Fête du Chausson aux Pommes zu feiern. 1873 hatte dieses Gebäck in Lemud, einer Gemeinde im Nordosten Frankreichs, die Größe eines halben Kuchens – der Boden wurde einfach einmal umgeklappt und dann Conn-ché genannt. Diese Version hält man für den Vorläufer des heutigen Chausson aux pommes, der in Belgien als Gosette aux pommes bekannt ist.

Das Geheimnis eines perfekten Chausson aux pommes ist die Ausgewogenheit der Zutaten. Von zentraler Bedeutung ist dabei das Zusammenspiel von Apfel und Pâte feuilletée, also dem Blätterteig. Die Perfektion ist erreicht, wenn die blättrige, goldbraune, vielschichtige Pâte feuilletée wie ein Pantoffel *(chausson)* die Füllung umschließt und die inneren Schichten die natürliche Säure der aromatischen Äpfel aufnehmen. Diese wiederum sollten würzig und nicht zu süß sein, noch leichten Biss haben, stückig sein und üppig herausquellen. Matschige, zu lang gegarte Äpfel sind verpönt, ebenso zu viel Blätterteig oder zu viel Füllung. Und auf keinen Fall darf der Zucker dominieren – man muss unbedingt noch Vanille und Zimt herausschmecken können.

Die Chaussons aux pommes verschiedener Patisserien unterscheiden sich durch ihre Dekorationen voneinander: Es gibt baumartige Strukturen, Fischgrätmuster und einfache Schlitze, durch die der Dampf des Apfelkompotts beim Backen entweichen kann. Den letzten Schliff verleiht man ihnen gewöhnlich mit einer Glasur aus verquirltem Ei und darübergestreutem Zucker.

So allgegenwärtig der Chausson aux pommes in Paris auch ist, so ist es doch nicht immer einfach, ihn in hervorragender Qualität zu bekommen. Stohrer in der Rue Montorgueil, die älteste Patisserie von Paris, backt ihn noch immer nach der traditionellen Methode. Wenn Sie das Glück haben, ein noch warmes Stück direkt aus dem Ofen zu bekommen, können Sie sich auf etwas Besonderes freuen. Auch Blé Sucré wird Sie begeistern. In derselben Liga spielt der bemerkenswerte Christophe Vasseur im Du Pain et des Idées, der seine Chaussons mit einem ganzen frischen Apfel füllt, was für ein fantastisches Geschmackserlebnis sorgt. Aber auch hier läuft für mich Des Gâteaux et du Pain allen anderen mit der besten Variante den Rang ab. Seine Pâte feuilletée wird mit Butter und Guérande-Meersalz hergestellt, und die Füllung besteht aus einer delikaten Mischung aus Apfelkompott und gebratenen Äpfeln – einfach himmlisch.

CHAUSSONS AUX POMMES

Das Geheimnis dieses behaglichen »Pantoffels« ist die richtige Menge Füllung für die Blätterteigtasche. Zu wenig, und es wird ein langweiliges Teigstück daraus, zu viel, und sie quillt überall heraus. Die Franzosen verwenden häufig die Sorte Golden Delicious, aber das ist kein Muss. Für meinen Geschmack passt Granny Smith besser als die meisten anderen Sorten. Das Gebäck ist schnell gemacht, wenn man fertigen Blätterteig verwendet.

FÜR 4 STÜCK

4 Äpfel (z. B. Granny Smith)
60 g Zucker und Zucker zum Bestreuen
1 Prise Salz
Saft von ½ Zitrone
15 g ungesalzene Butter
½ TL Zimt
Mehl für die Arbeitsfläche
350 g TK-Blätterteig, aufgetaut, kühl gelagert
1 Eigelb, verquirlt

FÜR DIE ZIMTCREME

1 TL Zimt
3 EL Puderzucker
250 g Crème fraîche

Den Ofen auf 200 °C (Umluft 180 °C) vorheizen. Äpfel schälen und in etwa 1 cm dicke Spalten schneiden. In einer Schüssel mit Zucker, Salz und Zitronensaft vermengen.

Äpfel mit Butter und Zimt in einen Topf geben und bei schwacher Hitze köcheln lassen, bis Saft austritt. Dann bei mittlerer Hitze die Flüssigkeit etwas einkochen lassen. Sobald die Äpfel weich werden und fast gar sind, Topf vom Feuer nehmen und zum Abkühlen beiseitestellen.

Eine Arbeitsfläche bemehlen und den Blätterteig 5 mm dick ausrollen. Vier Scheiben von der Größe einer Untertasse ausstechen. Dann jede Scheibe zu einem etwa 3 mm dicken Oval ausrollen.

Die Apfelfüllung jeweils auf eine Hälfte der Teigovale geben. Die Teigränder mit Eigelb bestreichen. Den Teig über die Füllung schlagen und an den Rändern zusammendrücken, am besten mit einer Gabel oder einer Küchenzange. Mit einem Messer je drei kleine Schlitze in die Oberseite schneiden, diese mit Eigelb bestreichen und mit etwas Zucker bestreuen.

Die Chaussons auf ein großes Backblech legen und in ca. 20 Min. goldbraun backen.

Für die Creme Zimt, Puderzucker und Crème fraîche verrühren, in den Kühlschrank stellen.

Die noch warmen Chaussons mit der gekühlten Zimtcreme servieren.

CAFÉ
MÉTRO

5

Verführerische Desserts

Wenn es um fantastische Desserts geht, ist Paris einfach *sans pareil* – unvergleichlich. Von saftigen Obsttartes bis zur opulenten, unwiderstehlichen Mousse au chocolat – die Franzosen wissen, wie man einen willensschwachen Dessertfan wie mich verführt.

In den unzähligen Restaurants, Patisserien, Teesalons und Cafés von Paris gibt es Desserts in vielerlei Gestalt. Manchmal ist es nicht leicht, ein solches von einem Gebäck zu unterscheiden – und ehrlich gesagt, muss man das wohl auch gar nicht, da es sozusagen dieselbe Funktion erfüllt. In unseren Zeiten gelten Desserts nicht mehr als der krönende Abschluss einer perfekten Mahlzeit, sondern werden von Genusssüchtigen zu jeder Tages- und Nachtzeit als üppige Zwischenmahlzeit verspeist. Daher biegen sich die Theken in den Patisserien, Feinkostgeschäften und Épiceries geradezu unter allen Arten von Desserts, die man sich nur erträumen kann. Sie werden nicht nur von den umtriebigen Parisern, die keine Zeit haben, in der Küche zu stehen, für das Mittag- oder Abendessen gekauft, sondern auch spontan von Passanten, die ihr Verlangen nach den magischen Köstlichkeiten nicht beherrschen können.

Französische Desserts sind derart vielfältig, dass ich mich hier auf einige wenige Klassiker beschränkt habe, auf die ich immer Appetit habe. Stürzen wir uns also ohne weitere Umschweife auf die ebenso beliebten wie legendären Pariser Desserts.

Tarte Tatin und Mousse au chocolat

Herrlich aromatische Apfelspalten in sirupartigem Karamell unter einer himmlischen Decke aus Blätterteigschichten, die den Saft aufsaugen – kann es etwas Köstlicheres geben?

Angeblich begann alles im späten 19. Jahrhundert im Hotel Tatin, einem Familienbetrieb südlich von Paris. Die Überlieferung besagt, dass Mme Stéphanie Tatin einen Apfelkuchen backen wollte. Sie ließ das Obst dafür jedoch zu lange einkochen und versuchte, den Kuchen zu retten, indem sie das Obst mit Teig bedeckte und das Ganze so backte. Einer anderen Geschichte zufolge, die vielleicht der Wahrheit näher kommt, hatte sie eine Apfeltarte versehentlich falsch herum gebacken. Das Ergebnis dieses Malheurs war die üppige, karamellisierte Kreation, die heute als Klassiker gilt. Dank ihrer Beliebtheit bei den Gästen wurde sie rasch zum Markenzeichen des Hotels und ist es heute noch. Ihren Einzug in die ewigen Ruhmeshallen deliziöser Desserts verdankt sie jedoch wahrscheinlich dem Gastronomen Louis Vaudable, der ihr einen festen Platz auf der Dessertkarte des Maxim's de Paris einräumte.

Tarte Tatin wird in Restaurants nur sehr selten gekonnt zubereitet – und leider gilt das vor allem für Paris. Häufig verwendet man die falschen Äpfel, was in einem matschigen braunen Mus resultiert. Zahlreiche Patisserien bieten kleinere, moderne Varianten des Klassikers an, die durchaus köstlich sein können, aber nicht mehr viel mit dem Original zu tun haben. Des Gâteaux et du Pain verkauft eine besonders schmackhafte Version, bei der die Apfelmasse kuppelförmig auf einem Biskuitboden sitzt und mit in Sirup eingelegten Pekannüssen garniert ist. Auch Blé Sucré hat eine optisch faszinierende Version im Angebot, die aus einem halben karamellisierten Apfel auf einem Blätterteigboden besteht und ganz besonders verführerisch wirkt. Der Salon de thé im Berthillon auf der Île Saint-Louis soll eine echte Tarte Tatin anbieten, ebenso wie das Lenôtre, aber ich muss gestehen, dass ich beide noch nicht probiert habe. Um das Original zu kosten, müssen Sie wohl Ihre Bedenken in den Wind schlagen und ins Maxim's gehen (oder das Rezept auf Seite 112 ausprobieren).

Ein weiteres beliebtes Dessert mit einer treuen Anhängerschaft, darunter Kinder aller Altersstufen, ist Mousse au chocolat. Das üppige Zusammenspiel aus reichlich Schokolade, schaumig geschlagenen Eiern und Butter wird von den kreativen Pariser Patissiers in der Regel so modern präsentiert, dass sie kaum noch etwas mit der einfachen Mousse von einst zu tun hat. Gérard Mulot verwendet in seiner Spezialkreation Cœur frivole eine Kombination aus Milchschokoladen- und Bitterschokoladen-Mousse, die zwar unwiderstehlich ist, aber eben ganz anders schmeckt als das Original. Im Maison Caroline Savoy (das die Tochter des berühmten Sternekochs Guy Savoy führt) bekommt man eine traditionelle, eierhaltige Mousse au chocolat in einem wiederverschließbaren Einmachglas zum Mitnehmen. Puristen jedoch werden Schwierigkeiten haben, in Paris die altbewährte luftige, aber gleichzeitig üppige, kräftig-schokoladige Mousse au chocolat zu finden, außer sie haben vielleicht ein altmodisches Lieblings-Bistro oder -Café. Falls Sie eine gute Adresse kennen, dann verraten Sie sie mir bitte!

TARTE TATIN

Dies ist ein klassisches Rezept für Tarte Tatin mit einigen Verfeinerungen. Man braucht dafür zwar keine spezielle Form, aber wenn eine vorhanden ist, umso besser. Eine robuste gusseiserne oder kupferne Bratpfanne mit dickem Boden ist auch geeignet, vorausgesetzt, man kann sie in den Ofen stellen und problemlos darin Zucker karamellisieren. Die meisten Rezepte empfehlen einen süßen Tafelapfel wie Cox Orange, aber auch hier nehme ich lieber Granny Smith, weil er fest ist, den richtigen Säuregehalt hat und beim Garen nicht auseinanderfällt. Noch ein Tipp: Den Teig fest auf die Äpfel drücken, damit sich beides beim Backen gut miteinander verbindet.

FÜR 6 PERSONEN

350 g Blätterteig (aus dem Kühlregal)
5 mittelgroße Äpfel (z. B. Granny Smith)
100 g ungesalzene Butter
160 g Zucker
½ TL Zimt

Schlagsahne zum Servieren

Den Ofen auf 200 °C (Umluft 180 °C) vorheizen. Eine passende Bratpfanne aus Edelstahl oder Kupfer mit Deckel verwenden (Durchmesser ca. 20 cm). Den Teig 3 mm dick ausrollen und eine Scheibe ausschneiden, die etwas größer ist als der Pfannendurchmesser. Teig mit Klarsichtfolie abdecken, damit er nicht austrocknet, und in den Kühlschrank stellen. Äpfel schälen, Kerngehäuse mit einem Ausstecher entfernen und Früchte längs halbieren.

Butter und Zucker in der Pfanne zerlassen, bis die Mischung zu schäumen und leicht zu karamellisieren beginnt.

Die Apfelhälften rasch mit der Schnittseite nach oben dicht an dicht in die Karamellmischung legen, dann mit Zimt bestreuen. Einen Deckel auf die Pfanne setzen und Äpfel bei schwacher bis mittlerer Hitze 5–8 Min. garen. Der Karamell soll dabei aufkochen und die Äpfel bedecken, bis sie etwas weich sind, der Karamell dunkler geworden ist und eine köstliche Sauce entsteht.

Die Teigplatte auf die Äpfel legen und den Rand mit einem Messer fest bis zum Boden herunterdrücken.

Tarte auf der oberen Schiene 25–30 Min. im Ofen backen, bis der Teig aufgegangen und goldbraun ist.

Tarte aus dem Ofen nehmen und 1 Std. ruhen lassen, damit sich die Aromen verbinden können. Zum Servieren die Pfanne wieder auf den Herd stellen und die Tarte bei schwacher Hitze erwärmen. Dann einen Servierteller auf die Pfanne legen und beides mit Schwung umdrehen, so dass der Teigboden unten und die Äpfel oben liegen.

Mit Schlagsahne servieren.

MOUSSE AU CHOCOLAT

Viele traditionelle Rezepte für Mousse au chocolat enthalten Sahne und Butter und sind daher sehr kalorienreich und zudem zeitaufwendig. Für diese unkomplizierte Version braucht man nur drei Zutaten und erhält trotzdem eine Mousse mit kräftigem, intensivem Schokoladenaroma. Zwar ist der Einsatz des Handrührgeräts nötig, aber das lohnt sich. Wie bei allen Rezepten mit rohen Eiern gilt auch hier: unbedingt die frischesten aus ökologischer Erzeugung wählen!

FÜR 4 PERSONEN

120 g Bitterschokolade
4 Eier (Größe L)
25 g Zucker

Schlagsahne zum Servieren

Die Schokolade mit einem scharfen Messer fein hacken, dann in einer hitzebeständigen Schüssel über einem großen Topf mit siedendem Wasser schmelzen lassen, dabei darf die Schüssel das Wasser nicht berühren.

Schokolade vorsichtig glattrühren, dann vom Wasserbad nehmen.

Die Eier trennen; beide Schüsseln müssen trocken und fettfrei sein.

Eiweiß steifschlagen, dabei langsam den Zucker einrieseln lassen und rühren, bis die Mischung cremige Spitzen zieht.

Die Schokolade einige Minuten abkühlen lassen, sie darf weder zu heiß noch zu kalt sein (wenn sie zu heiß ist, gerinnt das Eigelb später, und wenn sie zu kalt ist, verbinden sich die Zutaten nicht richtig miteinander). Dann Eigelb dazugeben und gründlich mit einem Kochlöffel unterrühren, bis die Masse glatt ist.

Mit einem Teigschaber vorsichtig ein Viertel des Eischnees unter die Schokoladenmasse heben, dann nach und nach die weiteren Viertel. Dabei nicht zu viel rühren, sonst verliert die Mousse an Volumen.

Mousse auf Dessertschalen verteilen und im Kühlschrank mindestens 3 Std. fest werden lassen. Mit etwas Schlagsahne garnieren.

SALLE À MANGER

RESTAURANT
RESTAURANT
Mon Paul
RESTAURANT

Tarte au chocolat

Nichts ist verlockender als eine französische Schokoladentarte. Ein knuspriger, leicht süßer Mürbeteigboden, gefüllt mit kräftiger, samtig-glatter, glänzender Ganache. Üppig, sättigend und sinnlich – was will man mehr von einem Dessert?

Kleine Anekdote am Rande: Der Begriff »Ganache« soll von einem glücklichen Zufall herrühren. Eines schönen Tages in der Mitte des 19. Jahrhunderts goss der Lehrling eines Chocolatiers versehentlich kochende Sahne in einen Topf mit geschmolzener Schokolade. Der zornige Maître chocolatier beschimpfte ihn daraufhin als *ganache*, was so viel bedeutet wie »Esel« oder »Schafskopf«. Wie sich herausstellte, schmeckte die seidenglatte Schokoladencreme, die daraus hervorging, einfach himmlisch, aber der ungeschickte Lehrling hatte seinen Spitznamen weg und damit glücklicherweise auch seine Erfindung, die heute weltweit im Zentrum der feinen Schokoladenkunst steht. Eine amüsante Anekdote, die aber wohl wie die Schokolade selbst im Laufe der Zeit üppig ausgeschmückt wurde.

Beim Flanieren durch die weniger bekannten *quartiers* von Paris dienten mir diese unauffälligen kleinen Tartes au chocolat, die in jeder guten Patisserie zu finden sind, schon oft als schnelle Energiespender. Die hinreißende Geschmacksexplosion der schokoladigen Köstlichkeit macht sofort munter, und schon summt man in Gedanken ein Lied von Charles Aznavour.

La Maison du Chocolat etwa ist berühmt für seine kleinen, aber konzentrierten Schokoladentartes auf einem Boden aus perfekter Pâte sucrée, die man in den zahlreichen Filialen in ganz Paris kaufen kann. Auch auf Gérard Mulot am linken Seine-Ufer kann man sich in dieser Hinsicht verlassen. Seine himmlische Schokoladentarte ist jeden Cent wert und außerdem mit einem Blättchen Blattgold dekoriert, das ihr das gewisse *je ne sais quoi* verleiht. Der große Meister des Kakaos, Jean-Paul Hévin, zaubert eine elegante mehrschichtige Tartelette au chocolat mit drei Ganachefüllungen, garniert mit einem knusprigen Croustillant mit Zuckerüberzug. Hévin sei Dank für die kleinen Schokoladentartes …

TARTE AU CHOCOLAT

Diese reichhaltige Schokoladentarte serviere ich gern als Nachtisch bei Dinnerpartys. Sie ist relativ einfach herzustellen und ruft bei meinen Gästen fast immer die gewünschte Menge an Lobpreisungen und Komplimenten hervor.

FÜR 6 PERSONEN

250 g fertiger Mürbeteig (aus dem Kühlregal oder siehe Rezept für Pâte sucrée auf Seite 149)

Backkugeln zum Blindbacken

FÜR DIE GANACHE
200 g Bitterschokolade
250 g Sahne
1 Vanilleschote
100 g Zucker
25 g ungesalzene Butter, gewürfelt, und Butter für die Form

Schlagsahne oder Vanilleeis zum Servieren

Eine Tarteform mit gewelltem Rand und herausnehmbarem Boden (Durchmesser 23 cm) leicht einfetten. Den Mürbeteig aus dem Kühlschrank nehmen und 10 Min. bei Zimmertemperatur ruhen lassen. Auf einer leicht bemehlten Arbeitsfläche 3 mm dick ausrollen und die Form sorgfältig damit auslegen, vor allem am Rand gut festdrücken. Den Boden gleichmäßig mit einer Gabel einstechen, dann für mindestens 2 Std. wieder in den Kühlschrank stellen. Dann wirft er beim Backen keine Blasen.

Den Ofen auf 180 °C (Umluft 160 °C) vorheizen. Den Tarteboden mit Backpapier auslegen, mit Backkugeln belegen und 10 Min. blindbacken. Papier und Backkugeln herausnehmen und den Teig weitere 10 Min. backen, bis der Boden goldbraun ist. Aus dem Ofen nehmen, abkühlen lassen und dann in den Kühlschrank stellen.

Für die Ganache die Schokolade fein hacken und beiseitestellen. Die Sahne in einen Topf geben, die Vanilleschote längs einritzen, das Mark herausschaben und mit der Schote zur Sahne geben. Zucker hinzufügen und 30 Sek. unter leichtem Rühren aufkochen lassen, bis sich der Zucker gelöst hat, dann die Vanilleschote herausnehmen. Schokolade dazugeben und in etwa 1 Min. schmelzen lassen. Nun die Masse bei schwacher Hitze mit einem Schneebesen glattrühren. Unter ständigem Rühren nach und nach die Butter zufügen und weiterrühren, bis sich die Schokolade und die Butter vollständig aufgelöst haben und die Ganache glatt und glänzend ist.

Ganache leicht abkühlen lassen, dann die Kuchenform aus dem Kühlschrank nehmen. Die Ganache auf den Teigboden gießen. Tarte abkühlen lassen und für 2 Std. in den Kühlschrank stellen. Sobald die Ganache fest ist, die Tarte aus der Form nehmen und mit Schlagsahne oder Vanilleeis servieren.

CRÈME BRÛLÉE

Im 17. Jahrhundert soll François Massialot, seines Zeichens Chef de cuisine bei verschiedenen berühmten Persönlichkeiten, die Crème brûlée erfunden haben, indem er die Zuckerschicht auf einem Dessert mit einer glühenden Ofenschaufel schmolz. Dieses klassische Pariser-Bistro-Dessert gehört ebenfalls auf meine immerwährende Favoritenliste, sofern es nicht mit Früchten oder Schokolade verunstaltet ist. Für mich geht es hier nur um die dicke Vanillecreme und die glänzenden Scherben der knackigen Zuckerkruste. Am einfachsten lässt sich der Zucker mit einem Crème-brûlée-Brenner karamellisieren, aber man kann die Förmchen auch dicht unter einen sehr heißen Ofengrill stellen – dabei müssen Sie sie allerdings gut im Auge behalten! Und vor dem Servieren sollte man die obere Schicht etwas aushärten und die Förmchen abkühlen lassen.

FÜR 6 PERSONEN

600 g Sahne
2 Vanilleschoten
8 Eigelb
30 g Kristallzucker
6 EL brauner Zucker

Den Ofen auf 160 °C (Umluft 140 °C) vorheizen. Sahne in einen Topf mit Deckel geben. Vanilleschoten längs einritzen und das Mark herausschaben; zusammen mit den Schoten zur Sahne geben. Einige Minuten köcheln lassen, dann den Herd ausschalten und den Deckel auf den Topf setzen. Sahne 15 Min. ziehen lassen.

Eigelb mit Kristallzucker in einer großen, hitzebeständigen Schüssel zu einer hellen, cremigen Masse schlagen. Die Sahne wieder zum Kochen bringen, die Vanilleschoten herausnehmen. Dann die Hitze reduzieren und die Eimasse hinzufügen. (Die Masse darf nicht mehr kochen, da sie sonst gerinnt.) Masse unter ständigem Rühren mit einem Schneebesen eindicken lassen, bis sie eine glatte, puddingartige Konsistenz annimmt.

Die Creme auf 6 hitzebeständige Souffléförmchen (à 150 ml) verteilen, sie sollten zu etwa zwei Dritteln gefüllt sein.

Förmchen auf ein großes, möglichst tiefes Back- oder Bratblech stellen und dieses mit so viel heißem Wasser auffüllen, dass die Förmchen zu drei Vierteln im Wasser stehen. Auf mittlerer Schiene 35–40 Min. im Ofen garen, bis die Crème brûlée gestockt, aber in der Mitte noch weich ist. Förmchen herausnehmen und abkühlen lassen, dann in den Kühlschrank stellen.

1 Std. vor dem Servieren jedes Förmchen mit 1 gestrichenen EL braunem Zucker bestreuen und entweder mit dem Crème-brûlée-Brenner oder im Backofen mit Grillfunktion auf der oberen Schiene karamellisieren, bis der Zucker goldbraun ist und Blasen wirft. Einige Minuten abkühlen lassen und Förmchen bis zum Servieren wieder in den Kühlschrank stellen.

MILLET
JEAN MILLET

OSBORNE

PATISSIER
BOULANGER
DE CHAILLOT

6

Eiscreme, Gelato und Sorbet

Angeblich ist ja Rom die Eishauptstadt der Welt, aber meiner bescheidenen Meinung nach kann Paris mit Fug und Recht einen guten zweiten Platz für sich beanspruchen. Auch wenn die Italiener die Eiscreme nicht erfunden haben, so haben sie sie doch zweifellos zur Perfektion gebracht. Ohne meine italienischen Freunde vor den Kopf stoßen zu wollen – ich habe in Paris oft besseres Eis gegessen als in Italien. Genau wie andere Eiscreme-*aficionados* bin ich der Meinung, dass Berthillon eines der besten Glaces überhaupt verkauft, aber ebenso findet man heute in der Stadt der Lichter auch das beste italienische Gelato.

Wie viele Pariser bin ich in letzter Zeit zwischen dem altbewährten französischen Glace und dem erst kürzlich in Mode gekommenen italienischen Gelato hin und her gerissen. Traditionelle französische Glaciers stellen aus Sahne und Eiern ein aromaintensives, üppiges Glace her, das in gefrorenem Zustand härter und konzentrierter ist als italienisches Eis. Ich für meinen Teil liebe die dichte, glatte Konsistenz und die konventionellen Pariser Geschmacksrichtungen, die *parfums* – man denke nur an Marron glacé oder Caramel beurre salé von Glaciers wie Raimo, die schon seit Ewigkeiten Eiscreme nach traditioneller französischer Methode herstellen.

In den letzten Jahren sind italienische Gelaterie überall in der Stadt wie Pilze aus dem Boden geschossen, da Pariser wie Touristen eine Vorliebe für die leichtere Konsistenz des Gelato zeigen. Glace-Puristen betrachten Gelato jedoch mehr oder weniger als minderwertige gefrorene Eiercreme. Seine Fans wiederum bevorzugen Eiscreme aus Vollmilch ohne Sahne oder Eier, auch wenn viele Hersteller diese Zutaten inzwischen verwenden, um ihr Gelato cremiger und aromatischer zu machen. Diese feinen Unterschiede erschweren manchmal die Unterscheidung zwischen einem Glace und einem Gelato – beide sind auf ihre Weise köstlich. Doch der Kampf um die Herzen und Gaumen der Eiscreme-Gourmets dauert fort.

Wie zu erwarten, sind auch die Pariser Sorbets von hoher Qualität und werden in einer Vielfalt an Fruchtaromen angeboten, die kaum Wünsche offenlässt. Die Elite der Sorbethersteller hat die Produktionsweise immer weiter verfeinert und bringt Varianten mit Aromen hervor, die zum Schwelgen einladen … Neulich erlebte ich zum Beispiel einen wunderbaren Moment: Ich stand an einem warmen Sommerabend mit einem aromatischen Erdbeersorbet auf einer Seine-Brücke und hörte einem Saxophonspieler zu. Die reinste Magie!

Glace oder Gelato?

Der Überlieferung nach brachte die junge florentinische Adlige Katharina von Medici, die durch ihre Heirat mit Heinrich II. 1533 zur Königin von Frankreich wurde, die Eiscreme nach Paris mit. Das erste französische Rezept für »aromatisiertes Eis« tauchte um 1674 in einem Buch des Apothekers Nicolas Lémery auf. Weitere Rezepte fand man in einem Kochbuch des Küchenchefs François Massialot von 1692; seine Kreationen hatten angeblich eine grobe, sandige Konsistenz – nicht zu vergleichen mit den cremigen Glaces von heute.

Für den ultimativen Eisgenuss findet man keinen Ort mit mehr Ausstrahlung als das Maison Berthillon in einem historischen Gebäude auf der Île Saint-Louis, über das seit seiner Eröffnung 1954 schon viel geschrieben und gebloggt wurde. Zuletzt hatte der berühmte Glacier hausgemachte Eiscreme in rund 36 Geschmacksrichtungen, *parfums*, im Angebot, dazu mehr als 30 fantastische Sorbetsorten. Es werden nur natürliche Zutaten verwendet, und unter den Parisern gilt vor allem Fraise des bois, Walderdbeere, als Geheimtipp, aber sollte es im Angebot sein, probieren Sie auch unbedingt einmal das außergewöhnliche Glace Tatin – cremiges Vanille-Karamell-Eis mit karamellisierten Apfelstückchen. Die Besitzer, Nachfahren des namensgebenden Monsieur Berthillon, können sich ihrer treuen Fangemeinde so sicher sein, dass sie im Sommer – mitten in der Eiscreme-Hochsaison – für einige Wochen schließen und wie das restliche Frankreich in den Urlaub fahren. Aber keine Sorge, eine Reihe ihrer Eissorten gibt es auch in anderen Cafés, Teesalons und Restaurants, zu erkennen am Berthillon-Logo.

Ein Stück die Straße hinauf in der Rue Saint-Louis-en-l'Île befindet sich die beliebte italienische Gelato-Kette Amorino, die noch weitere Filialen in Paris besitzt. Ihre farbenfrohen, blütenartigen Waffeln, die nicht mit dem Eisportionierer, sondern mit einem Spachtel gefüllt werden, bieten eine wahre Explosion an exotischen Aromen wie Frutto della passione oder meine Lieblingssorte Cioccolato al latte di soia bio. Von dort kommt man über die Pont Marie zur Rue du Roi-de-Sicile im Marais, wo man bei Pozzetto ein ebenso gutes, wenn nicht gar besseres echt italienisches Gelato bekommt. Dort werden beste sizilianische Pistazien zu smaragdgrünem Pistazieneis verarbeitet, und aus Eigelb, Zucker und Marsala-Wein wird eine wirklich fantastische Zabaione gezaubert.

Das hoch gelobte Raimo im 12. Arrondissement lohnt einen Ausflug in den Osten von Paris schon allein, um draußen zu sitzen und die Eiskreationen mit Blüten zu genießen, wie etwa Lavande, Rose und Violette. Gelato esse ich auch besonders gern in der authentischen Gelateria Deliziefollie in der Rue Montorgueil, die ebenfalls in der ersten Liga unter den italienischen Eisbars spielt. Dass das Eis im Le Bac à Glaces in der Rue du Bac nur aus natürlichen Zutaten hergestellt wird, kommt den Aromen zugute – probieren Sie einmal die Sorte Avocado! Auch Martine Lambert in der Rue Cler im 7. Arrondissement gehört zu den traditionellen Eisdielen in Paris. Erwähnt werden sollte an dieser Stelle auch, dass viele Patisserien, Chocolatiers und Confiseurs köstliche Eiscreme selbst herstellen, zum Beispiel La Maison du Chocolat, Pierre Hermé, Blé Sucré, Kayser und À la Mère de Famille, um nur einige zu nennen.

Berthillon

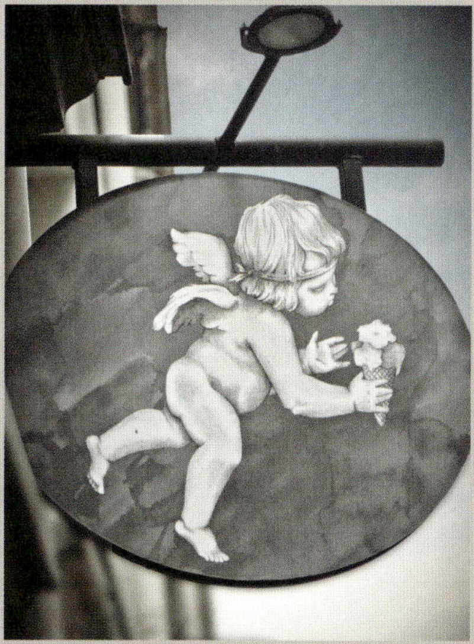

Amorino
GELATO AL NATURALE
GLACE ARTISANALE

FRANZÖSISCHES BITTERSCHOKOLADENEIS

Ein einfaches Rezept für ein sehr gehaltvolles, sensationell cremiges Glace. Ihre Gäste werden wie bei Berthillon eine zweite Portion haben wollen! Mit einer Eismaschine ist die Köstlichkeit schnell fertig, aber mit etwas Rühren gelingt sie auch ohne sie.

FÜR 4 PERSONEN

125 g Bitterschokolade
225 ml Milch
1 Vanilleschote oder
2 TL Vanilleextrakt
5 Eigelb
75 g Zucker
1 EL Kakaopulver
200 g Sahne

Mit einem scharfen Messer die Schokolade in etwa 5 mm große Stücke hacken und beiseitestellen.

Dann die Grundmasse herstellen: Die Milch in einen Topf geben. Die Vanilleschote längs einritzen, das Mark herausschaben und zusammen mit der Schote zur Milch geben. Diese langsam zum Kochen bringen, dann kurz abkühlen lassen.

In einer Rührschüssel Eigelb und Zucker mit dem Handrührgerät zu einer dicken, hellen Masse schlagen. Die Vanilleschote aus der Milch herausnehmen und die warme, aber nicht mehr kochende Milch unter Rühren langsam zur Eiermasse gießen.

Die Masse wieder in den Topf zurückgeben, das Kakaopulver hinzufügen und unter ständigem Rühren mit dem Kochlöffel langsam erhitzen, bis die Creme eindickt – die Masse darf jedoch auf keinen Fall kochen, da sie sonst gerinnt! Wenn die Creme am Löffelrücken hängen bleibt, den Topf vom Feuer nehmen. Die Schokoladenstückchen zugeben und weiterrühren, bis sie vollständig geschmolzen sind. Masse abkühlen lassen. Dann die Sahne leicht mit einem Schneebesen aufschlagen und unter die Schokoladencreme heben.

Masse in einer Eismaschine weiterverarbeiten, falls vorhanden. Andernfalls in einer Metallschüssel oder einem passenden Behälter einfrieren und alle 15 Min. umrühren, damit das Eis cremig wird. Falls es in der Eismaschine zubereitet wurde, in einen Behälter umfüllen und im Gefrierfach aufbewahren.

LAIT
PASTEURISÉ
METROPOLITAIN
12
ASSEMBLÉE
CHOCOLATIER · CONFISEUR
21
Biscuits
LEFEVRE-UTILE
35
FABRIQUE DE CHOCOLATS

A LA GLOIRE
27 28 29
JUILLET 1830

JOHANNISBEERSORBET MIT CRÈME DE CASSIS

Dieses klassische Sorbet ist rasch zubereitet und eignet sich hervorragend als Zwischengang. Crème de Cassis sorgt für das besondere Etwas und das echt französische Aroma. Am besten schmeckt das Sorbet mit frischen Schwarzen Johannisbeeren – aber auch tiefgekühlte haben ein gutes Aroma. Garnieren Sie es mit frischen Beeren, und vergessen Sie nicht, es 20 Minuten vor dem Servieren aus dem Gefrierfach zu nehmen.

FÜR 6 PERSONEN

450 g Schwarze Johannisbeeren, frisch oder tiefgekühlt
30 g Zucker
5 EL Crème de Cassis
1 Eiweiß (nach Belieben)

Die Johannisbeeren waschen und entstielen. Mit 150 ml Wasser und Zucker in einen Topf geben und 4–5 Min. sanft köcheln lassen, bis sie fast weich sind. Dabei die Beeren auf keinen Fall zu stark erhitzen, sie dürfen nicht aufplatzen.

Crème de Cassis unterrühren, dann die Masse durch ein Sieb streichen.

Die Masse in einer Eismaschine weiterverarbeiten, falls vorhanden. Andernfalls in einem passenden Behälter in das Gefrierfach stellen und alle 15 Min. mit einer Gabel durchrühren, um die Eiskristalle zu zerkleinern.

Falls keine Eismaschine verwendet wird, kann man Eischnee hinzufügen, dann wird das Sorbet leichter. Dazu das Eiweiß mit dem Handrührgerät steifschlagen und unter die halbgefrorene Johannisbeermasse ziehen. Sorbet wieder in den Behälter geben und im Gefrierfach fest werden lassen.

7

Confiserie – das beliebte Pariser Konfekt

Konfekt ist ein Sammelbegriff, der fast alle Zuckerwaren umfasst, aber hier beziehe ich mich auf das, was die Briten *sweets* nennen, die Amerikaner *candy* und die Franzosen *confiseries*. Verwirrenderweise nennen sie sie gelegentlich auch *bonbons*. Seit der Einführung des Zuckers wurden in Frankreich alle Arten von Confiseries ersonnen, und zweifellos ließ man sich dabei auch von anderen Kulturen inspirieren. Das Petit Four scheint eine urfranzösische Erfindung zu sein, doch seine Wurzeln liegen im Orient. Die traditionellen Calissons aus Aix-en-Provence stammen ursprünglich aus Italien, Nougat aus Persien und Dragées (Mandeln im Zuckermantel) vermutlich aus Griechenland.

Auch wenn die meisten Süßigkeiten in Paris verschiedenen Gegenden Frankreichs zugeordnet werden, sind sie alle in der Hauptstadt gelandet, in der einige der köstlichsten Varianten zu Hause sind – von altmodischen steinharten Wunderkugeln über saftige, weiche Fruchtgelees (Pâtes de fruits), zuckersüße kandierte Früchte und köstliches Lakritz bis zu Marshmallows und verschiedenen Arten von Karamell.

Paris bietet Konfektkennern eine erlesene Reihe besonderer Wallfahrtsorte. Ganz oben auf der Liste sollte die historische Confiserie À la Mère de Famille in der Rue du Faubourg Montmartre im 9. Arrondissement stehen. Das 1761 eröffnete Geschäft mit der alten Fassade mit ihrer antiken Beschilderung, mit dem Mosaikboden, den Mahagonivitrinen, dem nostalgischen Kassenplatz und den herrlichen Kronleuchtern gehört zu den zauberhaftesten Läden in ganz Paris. Er ist nach Marie Adelaïde Bridault benannt, einer vierfachen Mutter, die ihn 1807 nach dem Tod ihres Mannes übernahm und zu einer renommierten Marke machte. Der vermutlich älteste Süßigkeitenladen in Europa bietet eine unwiderstehliche Auswahl an klassischer Confiserie und an Spezialitäten, wie kandierten Früchten, Marrons glacés, Calissons, Caramels und Guimauves. Ebenso bekannt ist das Geschäft für sein Schokoladenangebot und für die fantastische Eiscreme – probieren Sie nur einmal das Minz-Schokoladen-Eis!

Dann gibt es natürlich noch die unvergleichliche Confiserie und Chocolaterie L'Étoile d'Or in Montmartre, die der leidenschaftlichen Denise Acabo gehört. Eine Tour durch Frankreich anhand seiner regionalen Confiserie können Sie beim charismatischen Georges im Le Bonbon au Palais im 5. Arrondissement unternehmen. Seine Pralinen von Mazet sind die besten in ganz Frankreich.

Angesichts dieser Fülle setze ich mir nun Scheuklappen auf und konzentriere mich auf drei Lieblinge: Marrons glacés, Pâte de fruits und Caramel au beurre salé.

A LA MERE DE FAMILL

Marrons glacés und Pâte de fruits

Wer kann schon den glasierten, in Zuckersirup kandierten Maronen widerstehen, wenn er in der französischen Hauptstadt unterwegs ist? Sie sind einfach der Gipfel des Genusses: raffiniert süß, üppig, nussig, leicht nach Vanille duftend, eingewickelt in dieses herrliche Goldpapier, das man nach dem Verzehr noch abschlecken möchte, um jeden Tropfen der klebrigen Köstlichkeit auszukosten. Doch zuvor eine kleine Warnung: Weil es sie nur zur Maronenzeit gibt und ihre Zubereitung aufwendig ist (ihre Herstellung dauert etwa vier Tage!), sind sie nicht billig, aber dafür jeden Cent wert.

Die Idee, Maronen zu kandieren, entstand wahrscheinlich im 16. Jahrhundert im italienischen Piemont, aber wie so viele andere Delikatessen wurde sie letztendlich in Frankreich verfeinert. Wegen seiner Nähe zu den besten Maronengebieten ist seit dreihundert Jahren Lyon das Zentrum des Marron-glacé-Handels. Der Ingenieur Clément Faugier, der vor allem für seine Brücken bekannt ist, soll die Herstellungsweise von Marrons glacés im 19. Jahrhundert modernisiert haben. Unter seiner Ägide entwickelte sich eine blühende Industrie im gastronomischen Zentrum der Region Rhône-Alpes, die bis heute überlebt hat.

Gute Marrons glacés in Paris zu finden ist nicht schwer, allerdings nur in der entsprechenden Saison, also von Oktober bis März. Traditionell werden sie zu Weihnachten und zu Neujahr gegessen, und sie sind immer schnell ausverkauft. Die Marrons glacés von Pierre Hermé und La Maison du Chocolat gehören zu den besten in Paris, ebenso die von Fauchon. Und ein Besuch bei Hédiard am Place de la Madeleine ist ein Muss, selbst wenn Sie keine Marrons kaufen möchten. Aber wenn Sie bereit sind, sich die Leckereien etwas kosten zu lassen, besuchen Sie am besten À la Mère de Famille und genießen in diesem historischen Süßigkeitengeschäft ein echtes Einkaufserlebnis.

Pâte de fruits, Fruchtgelee, ist eine französische Spezialität, die es wahrscheinlich schon im Mittelalter gab. Der farbige, süßsaure, zähe Würfel mit dem intensiven Fruchtaroma klebt an den Zähnen und versetzt die Sinne umgehend in einen Zuckerrausch. Schon die vielfarbige, edelsteinartige Präsentation in den Verkaufstheken der erstklassigen Confiseurs, Chocolatiers und Feinkostgeschäfte ist ein Fest für die Augen. Pâte de fruits besteht aus konzentriertem oder vielmehr reduziertem frischem Fruchtpüree, Gelatine und einer Menge Rohrzucker und wird zum Schluss mit einem speziellen Zucker bestreut. Die Aromen dieser pektinhaltigen kleinen Schätze spielen oft ins Exotische. Neben gewöhnlichen Gartenfrüchten wie Mirabelle, Sauerkirsche, Quitte oder Schwarzer Johannisbeere hat man die Qual der Wahl zwischen Mango, Passionsfrucht, Ananas, Litschi, Clementine, Kokosnuss oder Feige, um nur einige zu nennen.

Wo man in Paris die besten Pâtes de fruits bekommt? Jacques Genin verkauft seine edlen Geleehäppchen in seinem übersichtlichen Geschäft im Marais in schicken Aluminiumdosen mit Monogramm. Patrick Roger stellt ebenso köstliche Geleewürfel her, aber die fruchtigsten Aromen der Stadt findet man bei Fauchon und bei Hédiard am Place de la Madeleine.

1854
HEDIARD
PARIS

VINS FINS
FABRIQUE DE CHOCOLATS

Patrick Roger

Bonbons saveur
Violette

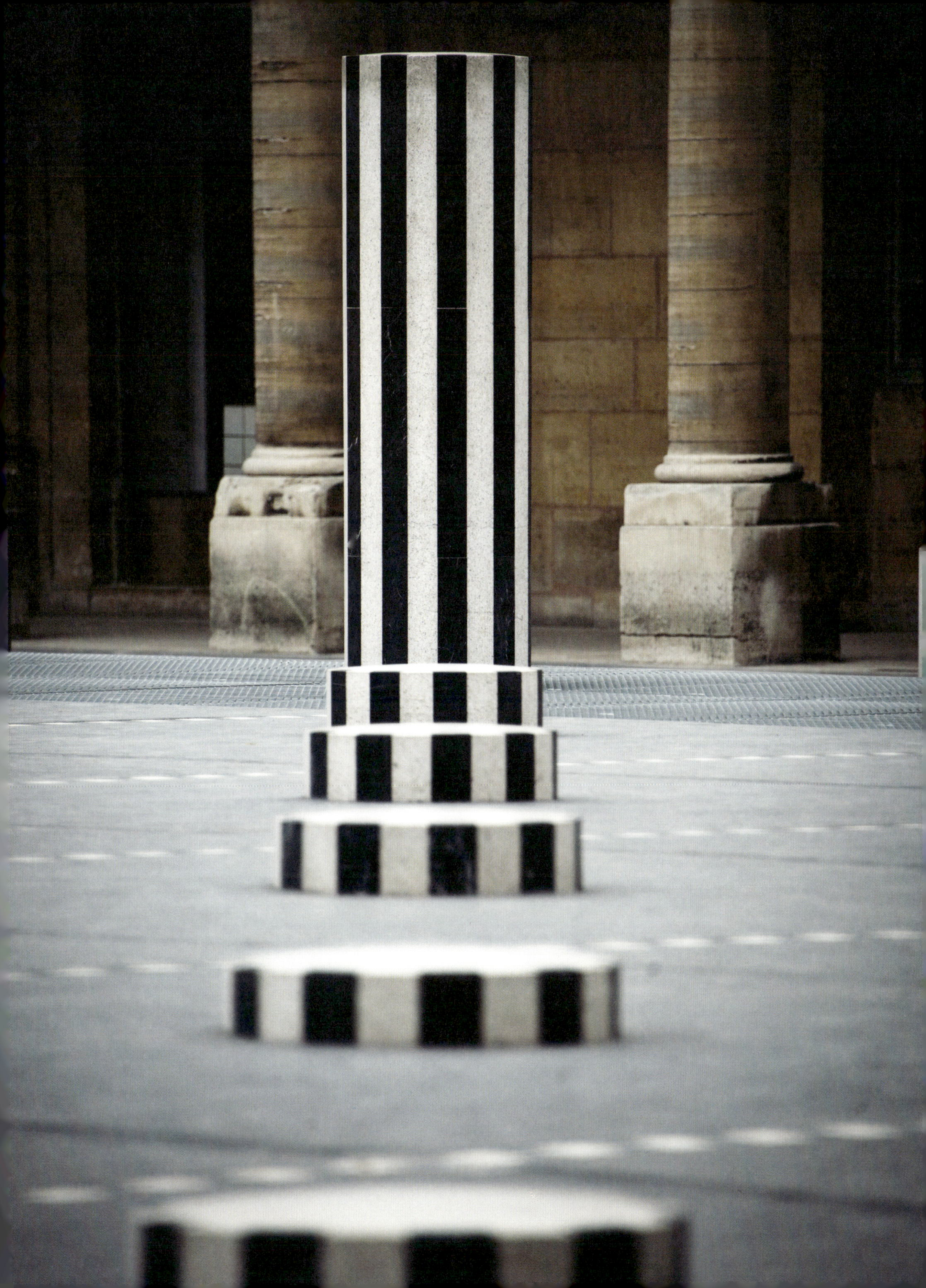

TROCKENFRÜCHTE IN SCHOKOLADE

Ein einfaches Rezept für hübsche Kleinigkeiten zum Dessert, die köstlich aussehen und himmlisch schmecken. Sie können jede Art von Trockenfrüchten dafür verwenden: Pflaumen, Aprikosen, Feigen, Kiwis, Datteln, Ananas – worauf Sie gerade Appetit haben. Das Geheimnis liegt im richtigen Temperieren der Schokolade. Das ist nicht so schwierig, wie es klingen mag. Wer häufig Schokolade verarbeitet, sollte sich ein Schokoladenthermometer anschaffen.

FÜR 20 STÜCK

100 g Bitterschokolade
100 g Milchschokolade
20 Stück gemischte Trockenfrüchte

Holzspießchen oder kleine Küchenzange

Beide Schokoladensorten in gleichmäßig große Stücke schneiden.

Etwa zwei Drittel der Schokolade in eine hitzebeständige Schüssel geben, diese auf ein heißes Wasserbad setzen. Der Schüsselboden sollte das Wasser nicht berühren. Die Schokolade langsam schmelzen lassen.

Sobald die Schokolade geschmolzen ist, den Herd ausschalten, die Schüssel vom Topf nehmen und ihren Boden in ein Küchentuch einschlagen, damit er warm bleibt. Die restliche Schokolade hinzufügen und verrühren, dann das Thermometer in die Schokolade tauchen und die Temperatur prüfen. Sobald die Schokolade auf 31–32 °C abgekühlt ist, ist sie einsatzbereit.

Ein großes Backblech mit Alufolie auslegen. Die Trockenfrüchte mit Hilfe von Holzspießchen oder einer kleinen Zange zur Hälfte in die temperierte Schokolade eintunken.

Die Früchte auf das Backblech legen und die Glasur bei Zimmertemperatur abkühlen lassen. Idealerweise sollte der Schokoladenüberzug ein wenig glänzen.

Caramels

Die Begeisterung für dieses sündhafte Vergnügen wird in Paris mit einer derartigen Leidenschaft gepflegt, dass ich versucht war, Caramels in Kapitel 2 aufzunehmen, das über Süßigkeitentrends berichtet. Ich bezweifle jedoch, dass die Liebe der Franzosen zu dieser klassischen Confiserie jemals nachgelassen hat. Französische Kinder jeden Alters kauen Karamellbonbons vermutlich schon, seit diese im Mittelalter erfunden wurden. Man scheint sich einig zu sein, dass ihr Geburtsort in der Bretagne liegt, die vor allem für ihre Butter, ihre Sahne und ihr Fleur de sel (Meersalz) bekannt ist. Insbesondere gilt das für die neueste Reinkarnation des Klassikers, Le caramel au beurre salé (Karamell mit gesalzener Butter), der zurzeit im wahrsten Sinne des Wortes in aller Munde ist. Klassischer Salzkaramell wird in Frankreich schon seit dem 19. Jahrhundert verkauft; bekannt ist vor allem jener von der Île de Ré in den blau-goldenen Blechdosen.

Die nahezu dekadente Mischung aus Zucker, Sahne und Butter kennt man zwar seit Jahrhunderten in vielen europäischen Ländern, dennoch stellt sich beim Genuss von etwas derart Süßem unweigerlich ein schlechtes Gewissen ein. Manch ein Confiseur glaubt, es durch die Zugabe von Fleur de sel beruhigen zu können, obwohl Le caramel au beurre salé extrem süß ist. Aber das bisschen Salz, das zum Ausgleich in die Buttermasse kommt, stellt die Erlösung dar, die den Genuss dieses typisch bretonischen Konfekts für die von Schuldgefühlen geplagten Pariser gesellschaftsfähig macht. Wegen seiner Ausgleichsfunktion wird Caramel au beurre salé inzwischen praktisch in jeder Pariser Süßigkeit als Zutat verwendet: Eiscremes, Macarons (probieren Sie mal Pierre Hermés Kreation!) und anderes Gebäck, Desserts und Cocktails – sogar Duftkerzen mit diesem Aroma gibt es schon. Wo soll das bloß noch hinführen?

In Paris die tägliche Dosis Le caramel au beurre salé zu bekommen ist nicht besonders schwer. Jeder Confiseur, Chocolatier und Süßigkeitenladen, der etwas auf sich hält, ist längst auf den Zug aufgesprungen. Die beste Adresse für die weichere, buttrigere Variante ist Jacques Genin im Haut Marais, der auch Aromen wie Passionsfrucht-Mango, Zimt, Pistazie, Lakritz und viele andere anbietet. Den traditionelleren bretonischen Karamell finden Sie in Montmartre bei L'Étoile d'Or, der einzigartigen Confiserie und Chocolaterie, wo die wunderbare Denise Acabo den berühmten Caramel au beurre salé des angesehensten Confiseurs im Lande, Henri Le Roux, verkauft. Sie wird Ihnen dabei mitteilen, indem sie Sie auf gallisch-überschwängliche Weise am Arm fasst, um das Gesagte zu unterstreichen: »Ils sont orgasmiques.« Dieses Konfekt finden Sie auch im Le Bonbon au Palais. Meert ist ein weiterer traditioneller Confiseur mit faszinierender Vergangenheit, der in seinem Geschäft an der Ecke Rue Elzévir und Rue du Parc Royal im Marais eine Reihe unterschiedlicher Karamellsorten verkauft.

Caramel
au Calisson
Caramel au sel
de camargue
Confiserie Boudet Pézenas
Caramel
mirabelles

CARAMELS

café

CONCIERGE
GAZ
13 BIS
PASSAGE VERDEA

Café

CARAMEL AU BEURRE SALÉ

Nach diesem Rezept können Sie echten französischen Karamell herstellen, der fast genauso schmeckt wie der von den berühmten Pariser Confiseurs. Es lohnt sich, aufmerksam zu sein und beim Kochen ständig umzurühren, da sonst im Topf »Hotspots« entstehen können, an denen der Karamell schneller kocht. Man kann gesalzene oder ungesalzene Butter verwenden, bei Letzterer gibt man eine Extraprise Salz dazu. Doch Achtung – ohne Zuckerthermometer geht es nicht!

FÜR CA. 24 STÜCK

200 g Sahne
80 g gesalzene Butter, gewürfelt, und Butter für die Form
1 TL Vanilleextrakt
1 gestrichener TL Meersalz, vorzugsweise Fleur de sel
160 g Zuckerrübensirup
200 g Zucker

Eine Kastenform (ca. 23 cm lang) mit Backpapier auslegen und dieses leicht einfetten. In einem kleinen Topf die Sahne mit der Hälfte der Butter erhitzen. Vanilleextrakt und Meersalz hinzufügen und alles zum Kochen bringen. Topf vom Feuer nehmen, Deckel aufsetzen und beiseitestellen.

In einem zweiten, mittelgroßen Topf den Zuckerrübensirup mit dem Zucker erhitzen, dabei ständig rühren, bis die Masse glatt ist.

Den Sirup auf 155 °C erhitzen (Temperatur mit Zuckerthermometer prüfen). Um einen genauen Messwert zu erhalten, den Topf leicht ankippen, damit der Thermometerkolben vollständig mit Sirup bedeckt ist.

Das Thermometer im Sirup belassen und die Hitze reduzieren, dann die warme Sahne langsam unterrühren, bis die Masse glatt ist.

Masse bei mittlerer Hitze erneut erwärmen, bis sie eine Temperatur von 127 °C erreicht hat (wieder mit dem Thermometer prüfen).

Das Thermometer herausnehmen, den Topf vom Feuer nehmen und die restliche Butter gründlich unterrühren. Masse in die vorbereitete Kastenform gießen und auf einem Kuchenrost vollständig auskühlen lassen. Karamell herausnehmen, das Backpapier abziehen und Karamell mit einem scharfen Messer nach Belieben in Würfel oder Quader schneiden.

Die Karamellstücke in Wachspapier einschlagen. In einem luftdichten Behälter kann man sie etwa 1 Monat lang aufbewahren.

MATCH

HOTEL

1

2

3

4

5

6

7

DER PERFEKTE FRANZÖSISCHE MÜRBETEIG

Teigkneten ist vielleicht nicht jedermanns Sache. Dieses Rezept ist für alle leidenschaftlichen Bäcker gedacht, die sich gern neuen Herausforderungen stellen. Es ist aber kein Vergehen, gelegentlich auch Fertigteig zu verwenden. Französische Patissiers arbeiten überwiegend mit vier verschiedenen Teigsorten: Pâte feuilletée (Blätterteig), hauptsächlich für Viennoiseries; Pâte brisée (wörtlich »gebrochener Teig«), vorwiegend für herzhafte Rezepte; Pâte sucrée (»gezuckerter Teig«), mit Puderzucker und ideal für Obsttartes und Pasteten; und schließlich Pâte sablée (»sandiger Teig«) für Torten und Tartes, der ähnlich wie Pâte sucrée zubereitet wird und besonders reichhaltig ist. Der Teig wird mit Vanille aromatisiert und enthält manchmal gemahlene Mandeln. Das Rezept unten ist eine gute Grundlage für Apfel-, Erdbeer- und Schokoladentarte.

FÜR EINE TARTEFORM MIT CA. 24 CM DURCHMESSER UND 2–3 CM HOHEM RAND

200 g Mehl und Mehl zum Bestäuben
1 Prise Meersalz
75 g Zucker
90 g ungesalzene Butter, gewürfelt und gekühlt, und Butter für die Form
2 Eigelb

Backkugeln zum Blindbacken

1 Mehl und Salz in eine große Rührschüssel sieben. Zucker hinzufügen.

2 Butter nach und nach zugeben. Zutaten durch Reiben mit den Fingerspitzen vermengen. Dabei keine feste Masse bilden, sondern den Teig zu feinen Krümeln verreiben.

3 Eigelb gründlich mit einem Buttermesser untermischen.

4 Nun die Mischung mit einem flachen Messer oder den Händen zu einem weichen Teig kneten.

5 Auf einer leicht bemehlten Arbeitsfläche den Teig kurz mit den Händen glattkneten. In Klarsichtfolie wickeln und für 30 Min. in den Kühlschrank legen. (Alternative: einfrieren und später verwenden.)

6 Den Ofen auf 180 °C (Umluft 160 °C) vorheizen. Eine Teigrolle und die Arbeitsfläche leicht mit Mehl bestäuben und den gekühlten Teig 3–4 mm dick zu einer Scheibe ausrollen, die in die Tarteform passt.

7 Eine Tarteform leicht einfetten. Den Teig um die Teigrolle wickeln und möglichst zentriert in die Form abrollen. Den Teig vorsichtig in die Form drücken. Überstände mit einem Messer abschneiden und den Boden mehrmals mit einer Gabel einstechen. Teig für mindestens 2 Std. in den Kühlschrank stellen.

8 Form aus dem Kühlschrank nehmen, den Boden mit Backpapier belegen, mit Backkugeln füllen und 10 Min. blindbacken. Backpapier und Backkugeln herausnehmen und Boden in weiteren 10 Min. goldbraun backen. Auf einem Kuchengitter abkühlen lassen und bis zur Weiterverarbeitung kühl stellen.

des GÂTEAUX & du PAIN

Glacier
Berthillon
Depuis 1954

Pâtissier
Boulanger

HUGO & VICTOR
HV
CHOCOLATERIE
PATISSERIE
PARIS

Synie's
cupcakes

Chocolaterie
JEAN-CHARLES ROCHOUX
Paris

Poilâne
Poilâne

DEPUIS 1730
Stohrer
PATISSIER TRAITEUR

BOULANGERIE

Die besten Adressen in Paris

Auf den folgenden Seiten finden Sie ein paar meiner Lieblingsadressen, darunter einige der besten Chocolatiers, Patisserien, Confiseries und Salons de thé der Stadt. Dabei handelt es sich nicht um eine strenge Bestenliste, sondern eher um Orte, an denen ich besonders gerne einkaufe oder einkehre. Die Öffnungszeiten entnehmen Sie am besten der jeweiligen Website, oder Sie rufen vorher an.

MEINE PERSÖNLICHEN TOP TEN

Pierre Hermé
72 rue Bonaparte
75006 Paris
+33 (0)1 43544777
Métro: Saint-Sulpice
www.pierreherme.com
Berühmt für seine köstlichen Macarons, außerdem meisterhafter Chocolatier, Confiseur und der beste Patissier von Paris. Seine Dessertkreationen sind bekannt für ihre außergewöhnlichen Aromenzusammenstellungen. Mehrere Filialen in Paris.

Patrick Roger
108 boulevard Saint-Germain
75006 Paris
+33 (0)1 43293842
Métro: Odéon
www.patrickroger.com
Das Enfant terrible der Schokoladenwelt ist mein liebster französischer Maître chocolatier. Ich verdanke ihm einige der wunderbarsten Genusserlebnisse. Bei fünf Filialen in Paris dürfte es auch Ihnen nicht schwerfallen, sich persönlich davon zu überzeugen.

Gérard Mulot
76 rue de Seine
75006 Paris
+33 (0)1 43268577
Métro: Odéon
www.gerard-mulot.com
Ein echter Pariser Patissier, in dessen stark frequentiertem Geschäft neben anderen Köstlichkeiten auch eine herrliche Auswahl an Schokolade und Confiserie angeboten wird; spezielle Saisonartikel, vor allem zu Ostern. Monsieur Mulot ist ein Muss, falls es Sie ans linke Seine-Ufer verschlägt.

Blé Sucré
7 rue Antoine Vollon
75012 Paris
+33 (0)1 43407773
Métro: Ledru-Rollin
www.blesucre.fr
Der bezaubernde Fabrice Le Bourdat und seine Frau führen nicht weit von der Bastille eine der besten kleinen Patisserien. Seine Madeleines haben eine treue Fangemeinde, und die Croissants sind ebenfalls fantastisch – wie sein gesamtes Angebot.

Des Gâteaux et du Pain
63 boulevard Pasteur
75015 Paris
+33 (0)1 45389416
Métro: Pasteur
www.desgateauxetdupain.com
Mme Claire Damon hat schon mit Größen wie Pierre Hermé gearbeitet. Ihre Patisserie-Kreationen zeigen ihre einzigartige Begabung, den Geist der Klassiker zu erfassen und ihnen einen modernen Charakter zu verleihen. Probieren Sie auch die Viennoiserie – der Ausflug ins 15. Arrondissement lohnt sich!

Du Pain et des Idées
34 rue Yves Toudic
75010 Paris
+33 (0)1 42404452
Métro: République oder Jacques Bonsergent
www.dupainetdesidees.com
Diese wundervolle alte, kleine Boulangerie in der Nähe des Canal Saint-Martin steht unter der Leitung des talentierten Christophe Vasseur, der vom Gault-Millau schon einmal zum Bäcker des Jahres gekürt wurde. Er steckt in der Tat voller »Brot und Ideen«. Probieren Sie die himmlischen Chaussons aux pommes, das Bananen-Pain au chocolat oder die vielen Variationen des Pain aux raisins … aber gehen Sie früh genug hin!

Pain de Sucre
14 rue Rambuteau
75003 Paris
+33 (0)1 45746892
Métro: Rambuteau
www.patisseriepaindesucre.com
Eine experimentierfreudige Patisserie im Marais, spezialisiert auf zart schmelzende Marshmallows bzw. Guimauves. Unbedingt probieren: die Sorte Fleur d'orange. Süßwaren und Gebäck mit exotischen Aromen und Obst. Ein Muss: der außergewöhnliche Baba au rhum und das Pain d'épice.

Poilâne
8 rue du Cherche-Midi
75006 Paris
+33 (0)1 45484259
Métro: Sèvres Babylone
www.poilane.fr
Die weltbekannte Bäckerei verkauft nicht nur das beste Brot in Paris, sondern hat auch eine fantastische Auswahl an unwiderstehlichem Viennoiserie-Gebäck, zum Beispiel eine köstliche, rustikale Zimt-Apfel-Tarte und ihr berühmtes Sandgebäck Punitions (»Bestrafungen«). Besuchen Sie die Hauptfiliale in Saint-Germain-des-Prés oder auch eine der anderen Filialen, die man in ganz Paris findet.

À La Mère de Famille
34–35 rue du Faubourg Montmartre
75009 Paris
+33 (0)1 47708369
Metro: Cadet, Le Peletier oder Grands-Boulevards
www.lameredefamille.com
Ein Besuch in der ältesten und schönsten Confiserie und Chocolaterie von Paris, seit 1761 am selben Ort, ist eine Reise in die Vergangenheit. Außerdem lohnt er sich wegen der hervorragenden Schoko-Eiscreme.

Carette
4 place du Trocadéro
75016 Paris
+33 (0)1 47279885
25 Place des Vosges
75003 Paris
+33 (0)1 48879407
www.carette-paris.com
Diese Patisserie mit Salon de thé ist eine Pariser Institution, die gern von der *haut monde* frequentiert wird. Mir gefällt der Teesalon am Place des Vosges besser, weil es dort nicht so voll und die Kulisse großartig ist. Probieren Sie die preisgekrönten Eclairs! Ein Frühstück in der Trocadéro-Filiale sollten Sie sich allerdings auch nicht entgehen lassen, schon wegen der fantastischen Aussicht auf den Eiffelturm.

MEINE ANDEREN LIEBLINGS-CHOCOLATIERS

Debauve et Gallais
30 rue des Saints-Pères
75007 Paris
+33 (0)1 45485467
Métro: St-Germain-des-Prés
www.debauve-et-gallais.fr/de/
Wahrscheinlich das älteste Schokoladengeschäft in Paris, im Jahre 1800 gegründet. Ehemaliger Hoflieferant des französischen Königshauses. Hier kauften schon Balzac, Proust und Brillat-Savarin ihre Süßigkeiten!

Jacques Genin
133, rue de Turenne
75003 Paris
+33 (0)1 45772901
Métro: République oder Filles du Calvaire
Der Chocolatier und Patissier *extraordinaire* gehört eigentlich zu meinen Top Ten. Sein moderner Salon im Haut Marais mit den Vitrinen voller herausragender Kreationen ist allein wegen seines Karamell-Millefeuille einen Besuch wert.

Jean-Charles Rochoux
16 rue d'Assas
75006 Paris
+33 (0)1 42842945
Métro: Rennes
www.jcrochoux.fr
Ein klassischer Pariser Chocolatier, der hervorragendes Konfekt und Tafelschokolade in wunderschönen Verpackungen herstellt. Tipp: die Tafel mit ganzen Haselnüssen in knusprigem Karamell.

Jean-Paul Hévin
231 rue Saint-Honoré
75001 Paris
+33 (0)1 55353596
Métro: Concorde, Tuileries
www.jphevin.com
Mehrere Filialen in Paris mit Produkten aus hochwertigen Zutaten und von höchster Kreativität, was Formen und Aromen betrifft. Oben in der »Schokoladenbar« in der Rue Saint-Honoré bekommt man auch eine gute heiße Schokolade.

La Maison du Chocolat
52 rue François 1er
75008 Paris
+33 (0)1 47233825
Métro: George V
www.lamaisonduchocolat.com
Der weltberühmte Schokoladenhersteller hat zahlreiche Filialen in ganz Paris. Fantastisch kräftige heiße Schokolade – aber nichts für Zartbesaitete, da viele Varianten Alkohol enthalten.

Michel Cluizel
201 rue Saint-Honoré
75001 Paris
+33 (0)1 42441166
Métro: Tuileries
www.cluizel.com
Dieses Traditionshaus

CHOCOLAT
BAUVE & GALLAIS

CORDONNERIE

LE MILLE PATES
Depuis 1963
Pates Fraiches

8
BACQUEVILLE
ORDRES
FRANÇAIS
ET
ÉTRANGERS

RUE DU
PARC-ROYAL
MEERT
CONFISEUR

BOULANGER

UN DIMANCHE À PARIS

der Schokoladenkunst, inzwischen unter der Leitung seiner Tochter Catherine, bietet eine herrliche Auswahl an Tafeln und Konfekt.

Pierre Marcolini
89 rue de Seine
75006 Paris
+33 (0)1 44073907
Métro: Mabillon
www.marcolini.com
Berühmter belgischer Chocolatier mit der besonderen französischen Raffinesse. Köstliche Ganache, wie etwa die Sorte Earl Grey Tea.

Pralus
35 rue Rambuteau
75004 Paris
+33 (0)1 48040505
Métro: Rambuteau
www.chocolats-pralus.com
Der Schokoladen-Abenteurer François Pralus bietet Tafeln und Konfekt an, deren Zutaten aus verschiedensten Regionen in aller Welt stammen. Probieren Sie seine köstliche Praluline, eine Brioche mit Nougatfüllung, oder die »tropischen Pyramiden« aus Schokolade.

MEINE ANDEREN LIEBLINGS-PATISSERIEN

Carl Marletti
51 rue Censier
75005 Paris
+33 (0)1 43316812
Métro: Censier-Daubenton
www.carlmarletti.com
Die wahrscheinlich beste Tarte au citron gibt es bei diesem preisgekrönten Patissier, der in seinem bezaubernden Laden köstliches Gebäck und Schokolade anbietet.

Dalloyau
101 rue du Faubourg Saint-Honoré
75008 Paris
+33 (0)1 42999000
Métro: Saint-Philippe du Roule, Franklin Roosevelt
www.dalloyau.fr
Institution mit Filialen in ganz Paris. Heimat der Gebäckspezialität L'Opéra und anderer Delikatessen.

Hugo & Victor
40 boulevard Raspail
75007 Paris
+33 (0)1 44399773
Métro: Sèvres Babylone
www.hugovictor.com
Relativ neu im 7. Arrondissement. Filiale am Marché Saint-Honoré. Köstliche Versuchungen in edlem Interieur. Madeleines und Saisongebäck des talentierten Monsieur Pouget.

Jean Millet
103 rue St. Dominique
75007 Paris
+33 (0)1 45514980
Métro: École Militaire
Kleine Patisserie mit großer Fangemeinde. Fantastisch: Pain au chocolat und Tarte au citron, köstliche Monts Blancs.

La Pâtisserie des Rêves
93 rue du Bac
75007 Paris
+33 (0)1 42840082
Métro: Sèvres Babylone
www.lapatisseriedesreves.com
Philippe Conticini präsentiert in seinem bunten, modernen Geschäft seine fantastischen zeitgenössischen Interpretationen von Patisserie-Klassikern.

Rollet Pradier
6 rue de Bourgogne
75007 Paris
+33 (0)1 47057708
Métro: Assemblée Nationale
www.pradierparis.com
Elegante Patisserie, Boulangerie und Salon de thé gegenüber der Assemblée nationale. Pariser Institution, besticht vor allem durch die Klassiker.

Sadaharu Aoki
35 rue de Vaugirard
75006 Paris
+33 (0)1 45444890
Métro: Rennes
www.sadaharuaoki.com
Sehr talentierter Patissier, der seine Kreationen mit japanischer Note versieht. Tipp: das Sesam-Eclair oder L'Opéra au thé vert. Drei Filialen.

Stohrer
51 rue Montorgueil
75002 Paris
+33 (0)1 42333820
Métro: Étienne Marcel
www.stohrer.fr
Die älteste Patisserie von Paris mit einer wunderbaren Firmengeschichte. Unbedingt probieren: den berühmten Baba au rhum und die Eclairs!

Vandermeersch
278 avenue Daumesnil
75012 Paris
+33 (0)1 43472166
Métro: Porte Dorée
Das Millefeuille und der Kougelhopf allein lohnen schon den Ausflug ins 12. Arrondissement. Eine der schönsten Bäckereifassaden von Paris.

SALONS DE THÉ

Angelina
226 rue de Rivoli
75001 Paris
+33 (0)1 42608200
Métro: Tuileries
www.angelina-paris.fr
Über dieses Pariser Wahrzeichen mit der berühmten Kundschaft, den ebenso berühmten Monts Blancs, der üppigen heißen Schokolade und der hinreißenden Belle-Époque-Inneneinrichtung ist schon viel geschrieben worden. Man muss frühzeitig dort sein, wenn man nicht anstehen will.

Ladurée
16 rue Royale
75008 Paris
+33 (0)1 42602179
Métro: Concorde oder Madeleine
www.laduree.fr
Besuchen Sie Ladurée, und probieren Sie die Macarons oder andere opulente Süßigkeiten, und genießen Sie das fantasievolle Ambiente, die hübschen Verpackungen und den geschichtsträchtigen Ort. Filialen: *75 Avenue des Champs-Élysées, 75008,* und *21 rue Bonaparte, 75006*

CONFISERIES

L'Étoile d'Or
30 rue Pierre Fontaine
75009 Paris
+33 (0)1 48745955
Métro: Blanche
Die enthusiastische Denise Acabo macht aus einem Ausflug in diesen märchenhaften Süßigkeitenladen ein denkwürdiges Erlebnis, genau wie die Schokolade von Bernachon und der Karamellaufstrich mit gesalzener Butter von Henri Le Roux.

Le Bonbon au Palais
19 rue Monge
75005 Paris
+33 (0)1 78561572
Métro: Maubert Mutualité
www.bonbonsaupalais.fr
Der bezaubernde Georges bietet Süßigkeiten aus allen Regionen Frankreichs. Köstliche Pralinen von Mazet.

Meert
16 rue Elzévir
75003 Paris
+33 (0)1 49965690
Métro: Saint-Paul
www.meert.fr
Confiserie und Chocolaterie aus Lille mit langer Tradition; nostalgischer Laden im beliebten Stadtviertel Marais.

DELIKATESSEN-GESCHÄFTE

Fauchon
24–26 place de la Madeleine
75008 Paris
+33 (0)1 70393800
Métro: Madeleine
www.fauchon.com
Ein Ausflug zu diesem Pariser Wahrzeichen ist eine kulinarische Abenteuerreise; die Macarons und Eclairs gehören zu den besten in Paris.

Hédiard
21 place de la Madeleine
75008 Paris
+33 (0)1 43128888
Métro: Madeleine
www.hediard.com
Die Hauptfiliale gehört zu meinen Lieblingsgeschäften in Paris. Die besten Pâtes de fruits und Marrons glacés. Ideal als Mitbringsel!

La Grande Épicerie du Bon Marché
38 rue de Sèvres
75007 Paris
+33 (0)1 44398100
Métro: Sèvres Babylone
www.lagrandeepicerie.fr
Großartiges Delikatessengeschäft mit Patisserie-Theke und einer der besten Weinabteilungen von Paris.

CUPCAKES

Chloe.S
40 rue Jean-Baptiste Pigalle
75009 Paris
+33 (0)1 48781265
Métro: Pigalle
www.cakechloes.com
Laden mit angeschlossenem Teesalon, geführt von der koketten Chloé.

Synie's Cupcakes
23 rue de l'Abbé Grégoire
75006 Paris
+33 (0)1 45445423
Métro: Sèvres Babylone oder Saint Placide
www.syniescupcakes.com
Köstliches Gebäck und herzhafte Cupcakes.

WEBSITES

www.chloe-chocolat.com
Chloé Doutre-Roussel ist eine der führenden Schokoladenexpertinnen. Hier kann man Schokoladentafeln kaufen und Touren zu den besten Chocolatiers buchen.

www.davidlebovitz.com
Der amerikanische Feinschmecker gibt Tipps für einen Aufenthalt in Paris.

TOURRETTE
SANS
LIQUEURS

AFE ROUGE
restaurant
bar

es mon seul maître.
amour !

Register

Kursiv gesetzte Zahlen verweisen auf Adressen.

A

À la Mère de Famille 45, 126, 135, 137, *152*
Acabo, Denise 135, 142
Amorino 126
Angelina 57, 65, 68, *156*
Äpfel
  Apfeltarte 100–103
  Chaussons aux pommes 104–107
  Tarte Tatin 110–113
Au Merveilleux de Fred 39

B

Baba au rhum 60–61
Bagels & Brownies 39
Balzac, Honoré de 21
Berko Bakery 34
Bernachon 12
Blé Sucré 45, 49, 51, 60, 63, 65, 77, 82, 89, 90, 95, 105, 126, *151*
Bonbons 135
Boulangerie Piccadis 45
Bourdat, Fabrice Le 49, 60, 63, 77, 90
Brandteig 52
Brioche Nanterre 86–87
Brioches 84–87
Brownies 38–39, 42–43

C

Café de Flore 68
Caramel au beurre salé 144–145
Caramels 142–145
Carette 63, 65, 68, 73, 152
Carl Marletti 63, 65, 77, *155*
Chaudun, Michel 11
Chaussons aux pommes 104–107
Cheesecakes, amerikanische 34
Chloé.S 34, *156*
Choco-Chloé (Chloé Doutre-Roussel) 12, *156*
Chocolat chaud 68–71
Cluizel, Michel 11, 12 *siehe auch* Michel Cluizel
Cluizel, Pierre 68
Confiserie 135
Constant, Christian 11
Conticini, Philippe 49, 57
Crème brûlée 120–121
Crème de Cassis 132–133
Crème pâtissière 74
Croissants 82–83
Cupcakes 21, 34–37

D

Dalloyau 59, 73, *155*
Damon, Claire 49, 73, 77
Debauve et Gallais *152*
Deliziefollie 126
Des Gâteaux et du Pain 49, 73, 77, 82, 85, 89, 95, 105, *151*
Desfontaines, Pierre 22
Desserts 109
Doutre-Roussel, Chloé (Choco-Chloé) 12
Du Pain et des Idées 82, 89, 105, *151*
Ducasse, Alain 60

E

Eclairs 50–53
Eiscreme 125–129
Erdbeertarte 72–75

F

Fantasy-Schokolade 15
Fauchon 51, 137, *156*
Financiers 94–97
Französische Chocolate-Chip-Brownies 42–43
Französisches Bitterschokoladeneis 128–129
Friands 94–97

G

Gâteau de l'Opéra 58–59
Gelato 125–126
Genin, Jacques 11, 12, 15 *siehe auch* Jacques Genin
Gérard Mulot 45, 51, 57, 59, 73, 77, 85, 95, 117, *151* *siehe auch* Mulot, Gérard
Gerbet 22
Glace 126
Grande Épicerie 59
Guimauve 21, 44–45

H

Hédiard 137, *156*
heiße Schokolade, französische 70–71
Hermé, Pierre 11, 15, 21 *siehe auch* Pierre Hermé
Hévin, Jean-Paul 11, 12 *siehe auch* Jean-Paul Hévin
Himbeer-Friands aus Australien 96–97
Hugo & Victor 73, 90, 95, *155*

J

Jacques Genin 57, 68, 73, 77, 137, 142, *152 siehe auch* Genin, Jacques
Jean-Charles Rochoux *152*
Jean Millet 59, 65, 73, *155*
Jean-Paul Hévin 68, 117, *152 siehe auch* Hévin, Jean-Paul
Johannisbeersorbet mit Crème de Cassis 132–133

K

Kayser 126
Kestener, Franck 11
Konfekt 135

L

La Bac à Glaces 126
La Grande Épicerie du Bon Marché *156*
La Maison du Chocolat 11, 51, 68, 117, 126, 137, *152*
La Pâtisserie des Rêves 49, 57, *155*
La Petite Rose 39
Ladurée 22, 63, 65, *156*
L'Atelier du Chocolat 11
Le Bonbon au Palais 45, 135, 142, *156*
Lebovitz, David 12, *156*
Lenôtre 59, 73
Lenôtre, Gaston 49, 68
Les Deux Magots 68
L'Étoile d'Or 12, 135, 142, *156*
L'Opéra 58–59

M

Macarons 21, 22–27
Madeleines 90–93
Madeleines mit Orangenglasur 92–93
Maison Berthillon 126
Maison Caroline Savoy 110

Maison du Chocolat *siehe* La Maison du Chocolat
Maison Stohrer 60
siehe auch Stohrer
Mandelcreme 102
Maronen 136–137
Marrons glacés 136–137
Marshmallow 21, 44–45
Marshmallow-Guss für Cupcakes 36
Martine Lambert 126
Meert 142, *156*
Meringues 38–41
Meringues modernes 40–41
Michalak, Christophe 49
Michel Cluizel *152*
siehe auch Cluizel, Michel
Millefeuilles 56–57
Mokka-Macarons 26–27
Mont Blanc 64–65
Moulin de la Vierge 89, 95
Mousse au chocolat 110–111, 114–115
Mulot, Gérard 49, 110
siehe auch Gérard Mulot
Mürbeteig 148–149

P
Pain au chocolat 88–89
Pain aux raisins 88–89
Pain de Sucre 45, 60, 85, *151*
Paris-Brest 62–63
Pariser Schokoladentrüffeln 18–19
Pâte de fruits 136–138
Pâte sucrée 148–149
Patrick Roger 12, 137, *151*
siehe auch Roger, Patrick
Pierre Hermé 22, 30–33, 63, 77, 126, 137, *151*
siehe auch Hermé, Pierre
Pierre Marcolini *155*
Plantagentafeln 12
Plaza Athénée 49, 60
Poilâne 82, 100, *152*
Pozzetto 126
Pralinen 14–15
Pralus *155*
Pralus, François 12

R
Raimo 126
Religieuse 64–65
Roger, Patrick 11, 15
siehe auch Patrick Roger
Rollet Pradier 63, *155*
Rumkuchen 60–61

S
Sadaharu Aoki 51, 59, *155*
Saint-Honoré 62–63
Salon du Chocolat 8
Salons de thé *156*
Savarins 60
Schokolade
Bonbons 135
Brownies 39, 42–43
Brownie-Teig 36
Chocolat chaud 68–71
Französische Chocolate-Chip-Brownies 42–43
Französisches Bitterschokoladeneis 128–129
Ganache 118
heiße Schokolade 68–71
Mousse au chocolat 110–111, 114–115
Pain au chocolat 88–89
Schoko-Cupcakes mit Rosen-Marshmallow-Guss 36–37
Schokoladen-Eclairs 52–53
Schokoladentrüffeln 18–19
Tafelschokolade 12–13
Tarte au chocolat 116–119
Trockenfrüchte in Schokolade 140–141
Sorbets 125, 132–133
Stohrer 105, *155*
siehe auch Maison Stohrer
Synie's Cupcakes 34, *156*

T
Tarte au chocolat 116–119
Tarte au citron 76–79
Tarte aux fraises 72–75
Tarte aux pommes 100–103
Tarte Tatin 110, 112–113
Trockenfrüchte in Schokolade 140–141
Trüffeln 15, 18–19

U
Un Dimanche à Paris 68

V
Vandermeersch 57, *155*
Vasseur, Christophe 89, 105
Viennoiserie 81

Z
Zitronentarte 76–79

Für Kumiko in großer Dankbarkeit für deine Unterstützung, Liebe und Mitarbeit

Danksagung

Mein tief empfundener Dank geht an alle, die mir bei der Entstehung dieses Buches geholfen haben. Ganz besonders möchte ich Chloé Doutre-Roussel, Stephen und Jane Durbridge, Paul Bowyer, Luca Selvi und Carla Coulson danken. Ebenso gilt mein Dank allen Geschäftsinhabern, Patissiers, Boulangers und Chocolatiers, die meine Frau und mich in ihrem Geschäft willkommen geheißen und uns erlaubt haben, ihre Kunstwerke zu fotografieren. Insbesondere danke ich an dieser Stelle Apollonia Poilâne, Pierre Hermé, Fabrice Le Bourdat, Gérard Mulot, Patrick Roger, Catherine Cluizel, Sadaharu Aoki, Claire Damon, Nathalie Robert und Didier Mathray, Christophe Vasseur, Georges aus dem Le Bonbon au Palais und Denise Acabo. Außerdem Chloé aus dem Chloé.S und Synie von Synie's Cupcakes.

Vor allem aber möchte ich Kumiko für ihre Inspiration, ihre Unterstützung, ihr Styling und ihre Kreativität danken. Ohne sie gäbe es dieses Buch nicht. Merci beaucoup.

Der Autor

Michael Paul wuchs in Neuseeland auf und ist heute als Food-, Interior- und Stillleben-Fotograf in London tätig. Seine Bilder erscheinen regelmäßig in renommierten Zeitschriften wie *Vogue Entertaining & Travel, Gourmet, Martha Stewart Living, Delicious, Vogue Living* und *The Sunday Times Style*.

Die Originalausgabe erschien 2012 unter dem Titel
Sweet Paris bei Hardie Grant Books

Hardie Grant Books (UK)
Dudley House, North Suite
34–35 Southampton Street
London WC2E 7HF
www.hardiegrant.co.uk

Hardie Grant Books (Australia)
Ground Floor Building 1
658 Church Street
Melbourne, VIC 3121
www.hardiegrant.com.au

2. Auflage 2016

Satz und Redaktion: Gisela Witt für bookwise GmbH, München
Printed and bound in China
ISBN 978-3-8369-2785-7
www.gerstenberg-verlag.de

Bei Gerstenberg sind ebenfalls erschienen

Das Paris-Kochbuch
Kulinarische Weltreise durch die Quartiere
ISBN 978-3-8369-2998-1

Das Brasserie-Kochbuch
Klassiker der französischen Küche
ISBN 978-3-8369-2699-7

La belle vie
Schlemmen und Genießen in Frankreich
ISBN 978-3-8369-2753-6

AU PETIT FE
CAFÉ
LAIT
BIÈRE
Brune & Blonde
APÉRITIFS
DE
MARQUES
TÉLÉPHONE
Paris-Province